DENTRO DA TERRA

DENTRO DA TERRA

Paco Bezerra

Tradução Roberto Alvim
Colaboração Juan Sebastián Peralta

Cobogó

A Acción Cultural Española – AC/E é uma entidade estatal cuja missão é difundir e divulgar a cultura espanhola, seus acontecimentos e protagonistas, dentro e fora de nossas fronteiras. No Programa de Intercâmbio Cultural Brasil-Espanha, essa missão se concretiza graças ao apoio do TEMPO_FESTIVAL, do Rio de Janeiro, que convidou a Editora Cobogó para fazer a edição em português de dez textos fundamentais do teatro contemporâneo espanhol, e contou com a colaboração de quatro dos festivais internacionais de teatro de maior prestígio no Brasil. Estão envolvidos no projeto: Cena Contemporânea – Festival Internacional de Teatro de Brasília; Porto Alegre em Cena – Festival Internacional de Artes Cênicas; Festival Internacional de Artes Cênicas da Bahia – FIAC; Janeiro de Grandes Espetáculos – Festival Internacional de Artes Cênicas de Pernambuco; além do TEMPO_FESTIVAL, Festival Internacional de Artes Cênicas do Rio de Janeiro.

Cada festival colaborou indicando diferentes artistas de teatro brasileiros para traduzir as obras do espanhol para o português e organizando residências para os artistas, tradutores e autores que farão em seguida as leituras dramatizadas para o público dos festivais.

Para a seleção de textos e de autores, estabelecemos uma série de critérios: que fossem peças escritas neste século XXI, de autores vivos ganhadores de pelo menos um prêmio importante de dramaturgia, que as peças pudessem ser levadas aos palcos tanto pelo interesse intrínseco do texto quanto por sua viabilidade econômica, e, por último, que elas girassem em torno de uma temática geral que aproximasse nossos autores de um público com conhecimento escasso da dramaturgia contemporânea espanhola, com especial atenção para os gostos e preferências do público brasileiro.

Um grupo de diretores de teatro foi encarregado pela AC/E de fazer a seleção dos autores e das obras. Assim, Guillermo Heras, Eduardo Vasco, Carme Portaceli, Ernesto Caballero, Juana Escabias e Eduardo Pérez Rasilla escolheram *A paz perpétua*, de Juan Mayorga, *Après moi le déluge (Depois de mim, o dilúvio)*, de Lluïsa Cunillé, *Atra bílis*, de Laila Ripoll, *Cachorro morto na lavanderia: os fortes*, de Angélica Liddell, *Cliff (Precipício)*, de Alberto Conejero, *Dentro da terra*, de Paco Bezerra, *Münchausen*, de Lucía Vilanova, *NN12*, de Gracia Morales, *O princípio de Arquimedes*, de Josep Maria Miró i Coromina e *Os corpos perdidos*, de José Manuel Mora. A seleção dos textos não foi fácil, dada a riqueza e a qualidade da produção recente espanhola.

A AC/E felicita a Editora Cobogó, os festivais, os autores e os tradutores pela aposta neste projeto, que tem a maior importância pela difusão que possibilita do teatro contemporâneo espanhol. Gostaríamos de agradecer especialmente a Márcia Dias, diretora do TEMPO_FESTIVAL, por sua estreita colaboração com a nossa entidade e com o projeto.

Teresa Lizaranzu
Acción Cultural Española – AC/E
Presidente

Sumário

Sobre a tradução brasileira: Dentro de nós **11**

DENTRO DA TERRA **15**
Coordenadas **23**
A história começa aqui **27**
Minha família **27**
Isto não é uma estufa **32**
Paris **39**
Rambo **41**
A terra se divide **47**
O armazém **54**
Hora do almoço **62**
Na porta há uma cruz **64**
Quando você morrer, eles vão falar de você **66**
Dentro da cabeça **71**
O processo **74**
Bélgica **84**
Dúvidas e cansaço **87**
O sabor do tomate **91**
Dentro da terra **103**
A história termina aqui **111**

Por que publicar dramaturgia **115**

Dramaturgia espanhola no Brasil **117**

Dentro de nós

um texto de teatro
é a materialização das forças inconscientes mobilizadas pelo dramaturgo
no instante da escritura

traduzir uma obra
é irmanar-se com o posicionamento existencial de seu autor
e reinventar sua poética singular
utilizando-se de arquiteturas linguísticas distintas das empregadas originalmente

no trabalho de tradução
o conceito de
fidelidade
reside não em uma transposição sem alterações
(posto que isso mataria a obra original
que funciona segundo a oralidade de outra nação...)
mas sim em habitar o mesmo lugar pulsivo
habitado pelo autor no momento da elaboração de sua peça

trata-se de responder ao texto
escolhendo as palavras e as articulações sígnicas
capazes de presentificar
a pergunta
que a peça propõe aos que com ela dialogarem

(é preciso que a obra soe
não como algo culturalmente específico,
mas como uma voz que sussurra de modo inaugural
aqui e agora
— dentro
de cada um
de nós)

Roberto Alvim
Tradutor

DENTRO DA TERRA

Paco Bezerra

Tradução Roberto Alvim
Colaboração Juan Sebastián Peralta

para Elías Linder Bettschen

Minha história não é agradável, não é doce e harmoniosa como as histórias inventadas. Tem um sabor de absurdo e confusão, loucura e sonho, como a vida de todos os homens que não querem mais continuar enganando a si mesmos.

— HERMANN HESSE

Os sonhos verdadeiramente importantes são os que você tem quando está acordado, porque quando você dorme não os controla. Eu gosto de mergulhar em um mundo onírico que tenho desenvolvido ou descoberto; um mundo que eu escolho.

— DAVID LYNCH

No momento em que tenho uma opinião sobre algo não posso escrever teatro sobre isso. Sim: crônica, ensaio, um artigo de jornal... Mas não posso fazer teatro. Não se sonha sobre o que se sabe, mas sobre o que se deseja e/ou se teme. O teatro é a pesquisa sobre o que não se sabe ou não se diz. [...] Só se pode escrever sobre aquilo que se têm dúvidas.

— MARCO ANTONIO DE LA PARRA

Não pergunte o que é verdadeiro ou falso, porque a "verdade poética" é uma expressão que se transforma no ato de sua enunciação. [...] A imaginação é sinônimo de aptidão para a descoberta. A imaginação confere vida a fragmentos de realidade invisível em que o homem se move. [...] Mas a imaginação é limitada pela realidade: não se pode imaginar o que não existe.

— FEDERICO GARCÍA LORCA

Cada recordação é uma experiência passada que não tem vigência, não tem imobilidade. Não é uma estátua, é um filme. [...] Eu rompi as fronteiras entre imaginação e experiência. [...] A literatura é o essencial, o básico. Tudo o que não é literatura não existe. Onde está a realidade? Uma árvore é árvore porque alguém a está nomeando. E quando se nomeia, se evoca uma imagem inventada. Mas se não se dá nome a ela, a árvore não existe.

— FRANCISCO AYALA

A ação se passa em Horta da Europa, uma cidade espanhola que, por sua natureza, é líder mundial na exportação de legumes e verduras.

Os espaços onde a peça acontece são: o interior e o exterior de uma estufa; um pátio; o terreno debaixo de uma figueira; o interior e o exterior de um armazém.

O tempo da peça é semelhante ao sonho. No sonho, não decidimos nem o momento em que dormimos nem o momento em que acordamos; no entanto, avançamos.

PERSONAGENS

INDALÉCIO (o caçula dos três irmãos)

FARIDA (marroquina, imigrante ilegal, trabalha nas estufas)

PAI (dono e senhor da terra)

FILHO (José Antônio, o irmão do meio, discípulo dos ensinamentos de seu pai)

FILHO MAIS VELHO (Ângelo, o primogênito, embora pareça o mais novo, por seu comportamento. Devido a uma grave doença de pele, está sempre vestido com um traje branco que o protege. Às vezes parece um apicultor, ou um astronauta que dá os primeiros passos na Lua)

MERCEDES (amiga de Indalécio)

A QUINTA (curandeira especialista em tirar o Sol da cabeça)

COORDENADAS

Indalécio está no teto de uma estufa. Atrás dele, cobrindo as estufas, há um imenso mar de plástico, que parece não ter fim, tornando-se luminoso até se fundir com o céu.

INDALÉCIO: Quando alguém olha pra trás e observa a própria vida, tudo parece um sonho ou uma história inventada. O presente é como um relâmpago: quando seu brilho desaparece, só resta falar sobre o que aconteceu. É preciso pisar onde as linhas se cruzam, sem hesitar. Ou...

Indalécio dá um salto e cai de pé.

INDALÉCIO: ...você afunda. Quando era pequeno, brincávamos de corrida. Eu sempre ficava por último. É fácil cair se você não está preparado. Só se deve pisar na cruz, onde as linhas se encontram.

Indalécio salta de novo.

INDALÉCIO: Quando você pensa a respeito, tudo parece fácil, mas na prática é diferente. Dizem que as coisas nunca são como você imagina. Pode até ser verdade. Ou talvez não.

Indalécio salta novamente. Cai de pé novamente.

INDALÉCIO: Ninguém sabe quem construiu a primeira estufa. Agora nos rodeiam, como uma praga, nos cobrindo completamente, nos asfixiando. Se as colocássemos em fila, uma atrás da outra, poderíamos andar em cima delas, sem tocar o chão, até chegar...

Indalécio salta outra vez.

INDALÉCIO: ...em Bruxelas. Não sei se é verdade que a Grande Muralha da China pode ser vista do espaço. Os astronautas dizem que, lá de cima, é a única construção humana que pode ser identificada. As estufas são fábricas sem fumaça, sem chaminé, resplandecentes. Sobem brilhando pelos montes, ocupam os canais de irrigação e as colinas, crescem como ervas daninhas, e mesmo que não estejam disfarçadas, a verdade é que estão escondidas.

Indalécio salta novamente.

INDALÉCIO: Como a água. Exatamente igual. Aqui não há rios. Nenhuma gota corre pro mar. Também não chove. Mesmo assim, nunca tivemos problemas com a seca. Há muitos lagos aqui. Lagos subterrâneos. A água, como a maioria das coisas que existem nesta terra, não está à vista. Ou pelo menos...

Indalécio salta uma última vez.

INDALÉCIO: ...não à vista de todos.

Indalécio tira do bolso uma chave, agacha-se e a insere em um cadeado. Abrindo uma comporta, levanta um pedaço de plástico do teto da estufa. Em seguida, entra na estufa pelo vão do teto. Farida, vestindo moletom e escondendo os cabelos envoltos em um lenço, está dentro da estufa, quieta como uma estátua. Indalécio, ao vê-la, se assusta.

INDALÉCIO: Farida?

Silêncio.

INDALÉCIO: O que está fazendo aqui?
FARIDA: *Tava ti* esperando.
INDALÉCIO: Sabe que não é permitido entrar na estufa.
FARIDA: E você, por que *tá* aqui?

Indalécio fecha a comporta do teto da estufa.

INDALÉCIO: Vim pra escrever. Todos os dias eu escrevo um pouco.

FARIDA: Nunca *mi* contou.

INDALÉCIO: Não nos conhecemos há tanto tempo.

FARIDA: Então agora *cê começô* a *iscrevê?*

INDALÉCIO: Agora, não. Escrevo desde criança.

Farida mostra-se desconfiada.

FARIDA: E tem *iscrito* muitas *coisa?*

INDALÉCIO: Algumas. Mas não são fáceis de ler.

FARIDA: Não são *fácil?*

INDALÉCIO: Não, ainda não.

Farida olha fixo para Indalécio.

INDALÉCIO: Aqui só tem terra e moscas, em toda parte. Você mesma disse. Alguns gostam de consertar as cercas; eu invento histórias.

FARIDA: Sobre o que *cê iscreve?*

Silêncio.

FARIDA: *Num* sabe sobre *u* que *iscreve?*

INDALÉCIO: Não é sobre um tema; é mais como um pressentimento. Algo me diz que estou dentro de uma história que começa aqui – aqui mesmo, dentro dessa estufa, debaixo destes plásticos.

A HISTÓRIA COMEÇA AQUI

FARIDA: Olha pra mim como se tivesse visto fantasma.

INDALÉCIO: É que aqui não é seguro.

Farida ri.

INDALÉCIO: Qual é a graça?

FARIDA: *Num posso rí?*

INDALÉCIO: Achei que tinham te explicado as regras no dia em que chegou.

Silêncio.

INDALÉCIO: Ou não?

Fora da estufa, o Pai e o Filho aparecem. O Pai é uma montanha, as mãos parecem pás e a cabeça lembra uma bola de barro. O Filho é magro e ágil; sob a pele vê-se claramente onde começa e termina cada músculo, cada osso, cada veia.

MINHA FAMÍLIA

PAI: Sempre explicamos.

FILHO: Pra todo mundo.

PAI: Assim que chegam.

FILHO: Não queremos problemas.

PAI: É proibido colocar os pés dentro da nossa estufa.

FILHO: Se pegamos você bisbilhotando, das duas, uma...

PAI: Ou te colocamos em um desses caminhões que levam tomates pra Bélgica...

FILHO: ...ou te denunciamos pra polícia. Você escolhe.

PAI: O caminhão ou a outra opção.

FILHO: A outra opção é a prisão.

PAI: A outra opção é a melhor opção.

FILHO: As prisões aqui parecem hotéis, sabe?

PAI: Nunca entendi por que sempre acabam escolhendo o caminhão.

O Pai e o Filho riem, depois se dirigem ao pátio. Lá, o Pai senta-se à cabeceira da mesa.

INDALÉCIO: Eu tomaria mais cuidado se fosse você.

O Filho coloca uma bandeja na frente do Pai e sobre ela deposita cuidadosamente um tomate.

INDALÉCIO: Digo isso porque já vi, de um dia pro outro, muitas pessoas que trabalhavam pra nós serem mandadas embora.

O Filho, como um serviçal, coloca sobre a mesa uma faca, um recipiente de azeite e um saleiro.

FARIDA: E você? Tudo bem *cê entrá* aqui?

O Pai põe as mãos sobre a mesa. O Filho segura a faca e cuidadosamente corta o tomate ao meio.

INDALÉCIO: Claro que não.

O Pai separa as duas metades do tomate.

INDALÉCIO: Mas há uma diferença entre nós.

O Pai pega uma metade do tomate.

INDALÉCIO: Eles não vão me enfiar em nenhum caminhão.

O Pai cheira a metade do tomate.

INDALÉCIO: Comigo eles fazem diferente.

O Pai dá ao Filho a metade do tomate; Farida parece sentir uma dor no peito.

FARIDA: Dói.

INDALÉCIO: Sua mão?

FARIDA: Não.

O Filho recebe a metade do tomate, cheira; Farida coloca a palma da mão sobre o coração.

FARIDA: Dói aqui.

O Filho devolve ao Pai a metade do tomate e faz um gesto de dúvida. Indalécio aproxima-se de Farida.

INDALÉCIO: Desde quando?

O Pai olha, apalpa e cheira a metade do tomate. Indalécio coloca sua mão sobre a de Farida, na altura do coração dela.

INDALÉCIO: Dói muito?

O Pai coloca a metade do tomate na boca e dá uma mordida, devorando o pedaço. Farida não responde.

INDALÉCIO: Já faz um tempo que coisas muito estranhas estão acontecendo por aqui.

Vestindo um traje protetor branco, aparece, junto à figueira, o Filho Mais Velho. O Filho Mais Velho é corpulento, e a pele de suas costas coça. Ele resiste à coceira. A dor está marcada em seu rosto.

INDALÉCIO: Meu irmão mais velho tem feridas nas costas; as feridas abrem sozinhas, começam a sangrar. Jorram sangue.

O Filho Mais Velho se abaixa e pega, atrás do tronco da figueira, um par de pedras. Em seguida, coloca-se sob a árvore, segurando uma pedra em cada mão e, concentrado, ajoelha-se.

INDALÉCIO: Ele fez uma promessa. Enquanto estiver debaixo da figueira não pode coçar as costas, nem sequer uma vez. Não sei quanto tempo tem que ficar assim. Está convencido de que, se não coçar as costas, as feridas vão desaparecer. Ângelo é seu nome.

O Pai, depois de engolir o pedaço de tomate, faz o mesmo gesto de dúvida que o Filho tinha feito anteriormente.

INDALÉCIO: A única maneira de salvar as colheitas é aumentar a produtividade. Dobrar a produtividade.

O Filho Mais Velho continua ajoelhado debaixo da figueira.

INDALÉCIO: Mas os insetos ficaram imunes e crescem até três vezes o seu tamanho original.

Indalécio aponta o dedo para o chão.

INDALÉCIO: De tão grandes, já é possível diferenciar suas partes, só de olhar. Bocas, olhos, narizes... Às vezes, quando tudo está calmo, ouço os insetos respirando.

Silêncio.

INDALÉCIO: Logo, logo serão maiores do que nós.

Uma rajada de vento faz tremer a terra e levanta poeira, que se choca contra as janelas, os plásticos do teto e as paredes da estufa. Todos olham em volta, assustados. O Pai dá para o Filho a metade do tomate cortado; o Filho coloca na boca e morde. O Filho Mais Velho ainda está de joelhos debaixo da figueira, segurando as pedras.

ISTO NÃO É UMA ESTUFA

FARIDA: Por que *tá* me contando tudo isso?

INDALÉCIO: Porque tenho medo.

O Filho, depois de engolir o pedaço de tomate, olha para o Pai e faz um gesto de negação. O Filho Mais Velho, resistindo estoicamente e segurando as pedras, move os ombros, como se isso fosse acalmar a coceira. O Filho pega o saleiro e oferece ao Pai, que começa a despejar sal na outra metade do tomate.

FARIDA: Medo *di* quê?

O Pai termina de pôr sal no tomate. O Filho tira o saleiro de suas mãos e o coloca na mesa.

INDALÉCIO: Do que pode acontecer com você.

O Filho pega o azeite e oferece ao Pai.

FARIDA: *Num* faço nada errado.

O Pai pega o azeite e começa a derramar no pedaço de tomate.

INDALÉCIO: Você, não. Eu, sim.

O Pai termina de pôr azeite no tomate.

FARIDA: *Num* é bom *cê pensá* tanto.

O Filho remove o recipiente de azeite da mão do Pai e o coloca na mesa.

INDALÉCIO: Não é isso.

O Pai pega o tomate temperado com sal e azeite e dá uma mordida. Devora o pedaço.

FARIDA: Os *monstro num* existe.

O Pai olha para o Filho e faz um gesto de dúvida.

INDALÉCIO: Fale baixo.

Indalécio observa cuidadosamente o interior da estufa. Silêncio. O Pai dá ao Filho a metade do tomate mordido por ele e o Filho coloca o pedaço na boca.

FARIDA: Os *monstro num* existe.

O Filho, com o tomate na boca, fala.

FILHO: Não estou convencido.

PAI: Nem eu.

FILHO: O que vamos fazer?

PAI: O talo ainda tem que ficar mais verde.

FILHO: Quanto mais?

PAI: Ainda aguentam uma semana.

FILHO: Sim, uma semana.

O Filho, orgulhoso, como se fossem tirar uma fotografia de família, coloca uma das mãos sobre o ombro do Pai e sorri.

FILHO: Logo, logo vamos produzir os tomates mais caros do mundo.

INDALÉCIO: Eu tenho a impressão de que isto... Isto não é uma estufa.

Farida, surpresa e um pouco descrente, olha ao redor.

INDALÉCIO: Olha, me diz se estes tomates são como os outros.

Farida observa os tomates.

INDALÉCIO: Não parecem mais vermelhos que o normal?

Farida observa os tomates. Depois olha para Indalécio.

PAI: Não é só isso, também têm um sabor diferente.

Farida vai arrancar um tomate, mas Indalécio a detém.

INDALÉCIO: Nem pense nisso. Eles contam os tomates, sabem quantos tem.

FILHO: Até o cheiro. Têm um cheiro diferente.

Farida ri.

INDALÉCIO: Não acredita em mim?

O Pai se levanta da cadeira.

PAI: Estamos chegando mais perto.

FILHO: Logo, logo vão valer mais do que ouro.

PAI: E ter uma estufa vai ser...

FILHO: ...como ser dono de uma mina.

O Pai e o Filho deixam o pátio, enquanto o Filho Mais Velho permanece sob a figueira. Indalécio continua falando com Farida.

FILHO MAIS VELHO: Dizem...

INDALÉCIO: ...aqueles que voaram sobre a terra, que quando você olha lá de cima...

FILHO MAIS VELHO: ...aqui...

INDALÉCIO: ...justamente onde nós estamos, pode-se ver um pedaço do céu...

FILHO MAIS VELHO: ...o céu, com sua luz e seus pássaros, azul e brilhante...

INDALÉCIO: ...como se as nuvens se chocassem contra o chão...

FILHO MAIS VELHO: ...como se Deus tivesse sofrido um acidente.

INDALÉCIO: Alguns afirmam que nada é o que parece, e que é o céu...

FILHO MAIS VELHO: ...que se reflete no plástico das estufas.

INDALÉCIO: *Dentro da terra.* É esse o nome.

FARIDA: Quê?

INDALÉCIO: O nome do que estou escrevendo.

FARIDA: *Dentro da terra?*

INDALÉCIO: Você não gosta?

Farida pensa.

FARIDA: É sobre *u* quê?

INDALÉCIO: Ainda não sei.

FARIDA: *Num* sabe?

INDALÉCIO: No fim.

FARIDA: O que acontece *nu* fim?

INDALÉCIO: O título. Porque eu coloquei esse e não outro. Vou descobrir no fim.

Farida não está convencida.

INDALÉCIO: Escrever é como revelar um mistério. Não há mapas que levam ao tesouro escondido, nunca há um X que indique o lugar. Não fui eu quem disse isso, foi *Indiana Jones* em *A última cruzada*. Sabia que muitas cenas do filme foram feitas lá, atrás daquela montanha? *Alexandria?* Não. No cinema é tudo mentira. Você gosta de cinema?

FARIDA: Gosto de você.

Indalécio fica introspectivo. Olha de um lado para outro da estufa.

INDALÉCIO: Já te contei o meu sonho?

Silêncio.

INDALÉCIO: Estou dentro desta estufa, deitado no chão. Ao fundo, meu pai e meu irmão vão embora. Minhas mãos estão sujas, meu estômago dói. Sobre o meu corpo, alguém deixou uma picareta. Eu tiro ela de cima de mim, me levanto rápido, saio da estufa. Lá fora, eu encontro com eles novamente, e voltamos juntos pra casa. Quando entramos em casa, começa a chover. Mas não é água o que cai do céu.

Silêncio.

INDALÉCIO: É terra. Os redemoinhos e as correntes de ar que passam através dos desertos – erguem a terra até o céu, e a terra fica lá em cima, presa entre as nuvens. Acontece com a terra, mas também com outras coisas. Já ouviu falar que em muitos lugares tem chovido sapos?

FARIDA: Sapos?

O Filho Mais Velho, ainda segurando as pedras ajoelhado debaixo da figueira, volta a falar. Indalécio continua sua conversa com Farida no interior da estufa.

FILHO MAIS VELHO: Sapos.

INDALÉCIO: Rãs.

FILHO MAIS VELHO: Peixes.

INDALÉCIO: Aranhas.

FILHO MAIS VELHO: Vacas.

INDALÉCIO: Caracóis.

FILHO MAIS VELHO: Mexilhões.

INDALÉCIO: Besouros.

FILHO MAIS VELHO: Vermes.

INDALÉCIO: Formigas.

FILHO MAIS VELHO: Baratas.

Farida se aproxima de Indalécio e o abraça.

INDALÉCIO: Do céu pode cair qualquer coisa.

Farida tira de seu moletom dois blocos de haxixe, de cem gramas cada, e dá para Indalécio.

FARIDA: Eu *num* quero *ficá* aqui.

PARIS

INDALÉCIO: Combinamos de nos encontrarmos sempre lá, atrás do poço.

FARIDA: Dá esses blocos de haxixe pra Mercedes. Meu irmão mora *im* Paris.

INDALÉCIO: Escuta...

FARIDA: O trem é *di* Madri, *di* noite tem quartos, quartos *cum* banheiro. Sozinha é mais *pirigoso*, é difícil porque batem nas portas pra *revistá* nas paradas. Aí alguém tem que *abrí* a porta enquanto *mi iscondo* no banheiro.

Os olhos de Farida ficam molhados.

FARIDA: O trem é *di* Madri. Batem na porta, mas se eu *mi iscondo*...

Farida, nervosa e afetada por suas próprias palavras, começa a chorar.

FARIDA: Aqui a gente *num podi tá* junto, nunca, *cê mi* disse. Meu irmão é bom. Seu pai *ti* bate. Vem *cum eu. Qui vamu fazê* aqui?

INDALÉCIO: Eu também gosto de estar com você, mas...

FARIDA: Já sei, diz que é *pirigoso*, mas *cê* sempre fica um tempo porque *cê* gosta *di mi vê*. Eu também gosto de *ti vê*. Vem *cum eu*.

Indalécio baixa a cabeça.

INDALÉCIO: Eles me batem porque têm medo de mim.

FARIDA: Eu *num* tenho medo *di* você.

INDALÉCIO: Me batem pra se defender.

FARIDA: *Du* quê?

INDALÉCIO: Me batem pra se defender do que eu escrevo.

Farida parece não entender; o Filho Mais Velho permanece sob a figueira. Indalécio continua falando com Farida.

FILHO MAIS VELHO: No início eram histórias, apenas histórias, aparentemente inofensivas.

INDALÉCIO: Mas ao longo do tempo...

FILHO MAIS VELHO: ...foram ficando cada vez mais reais.

INDALÉCIO: Tão reais que...

FILHO MAIS VELHO: ...tomaram o lugar...

INDALÉCIO: ...da própria realidade.

O Pai e o Filho, com apetite voraz, aparecem novamente no pátio e se sentam, cada um em uma cadeira. O Filho Mais Velho se ergue.

FILHO MAIS VELHO: *Rambo.* É esse o nome.

RAMBO

O Filho Mais Velho larga as pedras.

FILHO MAIS VELHO: Sua primeira história tinha esse nome.

O Filho Mais Velho sai de baixo da figueira e vai para o pátio.

FILHO MAIS VELHO: Ao anoitecer, Rambo aparecia pra você na beira do açude. Um dia, revendo a história, você percebeu uma coisa.

O Filho Mais Velho chega à mesa e se senta em uma cadeira.

FILHO MAIS VELHO: Confuso, você veio até nosso pai e disse a ele...

Indalécio sai da estufa em direção ao pátio. Farida, de dentro da estufa, observa a cena.

INDALÉCIO: Pai!

O Pai olha para Indalécio, que chega apressado ao pátio. Seus dois irmãos estão sentados à mesa.

INDALÉCIO: Sabe quem eu vi?

PAI: Quem?

INDALÉCIO: Rambo. E ele mandou lembranças pra você.

FILHO: Impossível. Rambo foi atropelado por um carro faz tempo. Além disso, os gatos não falam. Senta e vamos comer, estou com fome.

INDALÉCIO: Eu vi.

PAI: Não começa outra vez.

INDALÉCIO: Tenho certeza, pai. Eu vi.

PAI: Senta e cala a boca. Não ouviu seu irmão? Vamos comer.

INDALÉCIO: Às vezes eu me aproximo, brinco com ele. Estou dizendo a verdade. Eu nunca minto.

PAI: Só pra saber – *onde* você viu ele?

INDALÉCIO: Na beira do açude.

Silêncio. O Pai e o Filho se olham.

FILHO: Onde?

INDALÉCIO: Na beira do açude. Eu chamo, mas ele não vem.

O Filho Mais Velho continua sentado à mesa.

FILHO MAIS VELHO: Papai e nosso irmão ficaram muito nervosos.

O Pai e o Filho se levantam e rodeiam Indalécio.

FILHO MAIS VELHO: E então pegaram você.

O Pai e o Filho batem em Indalécio. Farida coloca as mãos sobre o rosto.

PAI: Para de mentir!

FILHO: Se continuar mentindo...

PAI: Vamos ter que tomar uma atitude.

FILHO: Entendeu?

FILHO MAIS VELHO: Naquela noite, enquanto todos dormiam...

O Filho Mais Velho se levanta e se aproxima de Indalécio.
O Filho Mais Velho segura o braço de Indalécio e o conduz.

INDALÉCIO: ...você abriu a porta e me levou pra fora. Então me falou...

O Filho Mais Velho conduz Indalécio de volta à estufa.

FILHO MAIS VELHO: Rambo não morreu atropelado como eles disseram. Eu vi. Eles o mataram. Eles o colocaram em um saco e o afogaram no açude.

O Filho Mais Velho deixa seu irmão com Farida e desaparece.
Farida tira as mãos de seu rosto. Indalécio está diante dela.

FILHO: Pai, tenho que ir até a aldeia. Vou pegar a moto. Volto logo.

O Pai e o Filho saem, dessa vez cada um em uma direção.

FARIDA: Vai *mi deixá lê* isso que *cê iscreveu*?

INDALÉCIO: Ainda não tenho nada no papel.

Farida não compreende.

INDALÉCIO: Está aqui, na minha cabeça.

FARIDA: Onde?

INDALÉCIO: Muitos escritores, pra escrever, precisam tomar distância da obra. Eu não consigo.

Silêncio.

INDALÉCIO: Disse que não era fácil de ler.

Farida olha para Indalécio, decepcionada.

INDALÉCIO: Hoje à noite, na hora de sempre, atrás do poço.

FARIDA: *Cê* vai *vê* Mercedes hoje?

INDALÉCIO: Não sei, mas prefiro não guardar o dinheiro em casa.

FARIDA: Economizei *procê, procê tê* dinheiro, pra *í* pra França. Até *encontrá* um *imprego*. Mas se você *num* vem... O que eu tenho, *pra eu* sozinha, o que eu tenho dá pra mim.

Farida, triste, baixa a cabeça e volta a colocar a mão no peito.

INDALÉCIO: Tem um ônibus que passa pela aldeia. A última parada é no centro. Conheço um médico.

Farida ergue a cabeça.

INDALÉCIO: É importante que você consulte um médico.

Silêncio.

INDALÉCIO: Se quer fazer esta viagem, preciso saber se está em condições.

Silêncio.

INDALÉCIO: Se vamos fazer, vamos fazer direito.

Silêncio.

INDALÉCIO: E depois vamos embora daqui.

Farida sorri, e de sua boca sai uma estrela que sobe em direção ao céu. Indalécio se aproxima dela, leva uma das mãos à cintura de seu moletom e desamarra o laço da calça.

INDALÉCIO: Sonhei com isso tantas, tantas vezes.

Farida olha em volta, se certificando de que ninguém se aproxima. Indalécio olha para seu relógio.

INDALÉCIO: Temos dez minutos. A hora do almoço. Meu pai sempre dorme um pouco.

Indalécio se ajoelha.

FARIDA: O que *tá* fazendo?

INDALÉCIO: Calma, vai ficar tudo bem.

Farida prende a respiração, fecha os olhos; o Pai surge no pátio.

A TERRA SE DIVIDE

PAI: Ângelo!

O Filho Mais Velho, atendendo ao chamado do Pai, aparece no pátio.

PAI: E seus irmãos?

O Filho entra correndo.

FILHO: Pai!

PAI: Onde estava?

FILHO: Pai!

PAI: Aconteceu alguma coisa?

Indalécio aparece no pátio. O Filho, diante da presença de Indalécio, se cala. O Filho Mais Velho, Indalécio e o Pai olham para o Filho, esperando a sua resposta.

FILHO: Nada.

Silêncio.

FILHO: Nada.

O Filho olha para Indalécio.

FILHO: Não é nada.

Silêncio.

PAI: Queria vocês aqui, hoje, os três, porque... Fui ao médico. Ontem recebi os resultados. Respiro cada vez menos. Vão trazer uma máquina. Vão me conectar à máquina, por não sei quantas horas, todos os dias. Mesmo assim, em alguns anos... Vão ter que abrir um buraco no meu pescoço.

Silêncio.

PAI: Quero que saibam que dividi a terra em três partes. Mas as partes não são iguais e... Bom... Gostaria de ser mais generoso com o filho que... Com aquele que seja, realmente... Que seja mais sincero comigo. Vocês entendem?

FILHO: Quem começa?

PAI: O mais velho dos três.

FILHO MAIS VELHO: Eu?

Silêncio.

FILHO MAIS VELHO: Eu...

Todos olham para ele.

FILHO MAIS VELHO: Lembro quando era criança, nós íamos até a campina com a mamãe, que descanse em paz, e eu te acompanhava no tratorzinho até a campina, e aí brincávamos com os farrapos...

O Filho Mais Velho, nervoso, coloca as mãos no rosto e começa a chorar.

PAI: Desde o canal de irrigação até o portão da estrada, incluindo o jardim da rampa e a casinha laranja. Você vai cuidar da irrigação, vai vigiar a bomba. Se tiver algum problema, fale com seu irmão. A porta sempre trancada, e a chave no fundo do seu bolso. Nada de fazer cópias da chave. As cópias se perdem e depois caem nas mãos de qualquer um.

FILHO MAIS VELHO: Como vou cuidar das estufas, se não posso entrar em nenhuma delas?

PAI: Não estarão sob sua responsabilidade.

FILHO MAIS VELHO: Todas as manhãs, logo ao acordar, e também ao meio-dia e antes de anoitecer, fico uma hora debaixo da figueira, quieto, sem me mexer. Mas sei que vai tirar a figueira de mim...

O Filho Mais Velho sorri, ingênuo e esperançoso.

PAI: O filho do meio, é você quem vai falar agora.

O Filho dá um passo adiante.

FILHO: Não sei se sou aquele que tem mais carinho pelo senhor, mas de uma coisa tenho certeza... Estou alerta, pronto e vigilante.

O Filho dá mais um passo à frente.

FILHO: As mulheres correm atrás de mim. Quando entro nos bares, quando cruzo uma esquina... Sinto os olhos delas cravados em mim... Mas não presto atenção em ninguém, muito menos em qualquer uma dessas mulheres que encontro nas ruas. Se eu quero uma fêmea, pago do meu bolso e todo mundo fica contente. Se digo isso ao senhor é porque merece todo o meu respeito e porque quanto a mim... Pode ficar tranquilo. Não vou pôr em risco o seu trabalho por mulher nenhuma.

O Filho dá mais um passo à frente.

FILHO: Garanto ao senhor que ninguém vai arranhar nem o gesso das paredes desta casa, porque aqui, quem encostar os dedos, sai sem eles.

PAI: Do barranco até a caniçada, incluindo o poço, as sete máquinas e a casa do meio.

O Filho retorna a seu lugar inicial.

PAI: E agora você, o mais novo. O que tem a dizer que mereça um terço melhor do que o dos seus dois irmãos?

Longo silêncio.

PAI: Não vai dizer nada?

Silêncio.

PAI: É essa a sua resposta?

INDALÉCIO: Pai. Sabe que eu não concordo com muita coisa.

PAI: Ontem sonhei que você parava de falar besteira.

INDALÉCIO: E eu que, debaixo do plástico, todos usavam macacões de proteção e máscaras pra respirar.

PAI: Eu nunca tive roupa especial, nem luvas, nem máscaras, nem nada disso.

INDALÉCIO: E olha pra você. Não acha que teria sido necessário?

O Pai faz um gesto para o Filho, que se aproxima de Indalécio e bate em sua cabeça, derrubando-o no chão.

PAI: Tudo o que eu tenho, tudo, tive que pagar do próprio bolso! Ninguém nunca me deu nada!

O Filho olha para o Pai, fazendo um sinal de aprovação. O Filho retorna para junto do Pai. Indalécio, no chão, segura a cabeça entre as mãos.

PAI: Os mouros não podem sair das estufas. Com a terra e o plástico, é lá que devem ficar. Lá é o lugar deles e aqui é o nosso.

Indalécio tira as mãos da cabeça e olha para os dedos. Estão cheios de sangue.

INDALÉCIO: Deixe pra mim o que quiser, mas não espere que eu te diga coisas bonitas só pra conseguir mais um pedaço de terra.

FILHO: [*para o Pai*] Eu vi. Quis contar quando o senhor chegou, mas...

O Pai olha para o Filho sem entender.

FILHO: Lembrei que tinha que trocar uma peça da bomba na casinha, então acabei não indo pra aldeia. Quando estava quase chegando, ouvi um barulho dentro da estufa.

PAI: Qual estufa?

FILHO: A nossa estufa, pai.

Os punhos do Pai se fecham.

FILHO: Tive que queimar um pedaço do plástico pra ver o que estava acontecendo lá dentro, porque não tinha as chaves comigo... Então fiz um buraquinho no plástico.

Silêncio.

FILHO: Ele estava com uma das mouras, rolando na terra. Ela o arrastou pro chão e ele...

Silêncio.

FILHO: Algumas coisas não devem ser ditas em voz alta, porque nem mesmo o ar deveria saber.

O Pai continua apertando as mãos. Parece que lhe falta ar.

PAI: Viu o rosto dela?

O Filho faz um gesto afirmativo.

FILHO: Claramente, pai.

Silêncio.

FILHO: Claramente.

Todos desaparecem, menos Indalécio, que se dirige a um cobertor estirado no chão e senta-se nele. Mercedes surge no armazém escuro.

O ARMAZÉM

Mercedes é cerca de dez anos mais velha que Indalécio; tem a vertigem do tempo em seus olhos; em seu rosto as marcas de uma mulher que nasceu com a vida desajustada, a lucidez e a clareza de uma santa. De seu pescoço pende uma medalha com a imagem de uma menina: sua filha.

MERCEDES: Faz tempo que te procuro. Sempre me dizem a mesma coisa: que você não está. Eu não acredito e insisto, mas me aconselham que o melhor a fazer é fechar a boca, dar as costas e voltar por onde eu vim.

INDALÉCIO: Tenho um saco com biscoitos, pão e alguns pedaços de salsicha. Estou aqui há mais de uma semana.

MERCEDES: Não sei o que aconteceu dessa vez, mas deixarem você nessas condições me parece um abuso.

INDALÉCIO: Sabe como eles são.

MERCEDES: Você está cheirando mal. Está fedendo.

Mercedes pega um pacote de lenços úmidos e oferece a Indalécio.

MERCEDES: São da menina. Quer?

Indalécio olha para o pacote de lenços.

MERCEDES: Encontrei seu irmão quando subi a colina. Ele disse que estavam muito preocupados.

Indalécio pega o pacote, tira um lenço e devolve o resto para Mercedes. Passa o lenço pelos braços e pelo pescoço. Em seguida, toca a ferida na cabeça.

MERCEDES: Eles foram falar com a Quinta, a curandeira de uma aldeia aqui perto.

INDALÉCIO: A Quinta?

MERCEDES: Aquela mulher enlouquece as pessoas. A fama dela se espalhou, vêm almas de todos os lugares bater em sua porta. Já ouviu falar dela?

INDALÉCIO: Pouco.

MERCEDES: Dizem que tira o Sol da cabeça como ninguém. Conheço ela. Uma vez levei minha filha, recém-nascida, mas ela não quis rezar a menina. Disse que tem coisas que acontecem fora da terra e outras, dentro, e que ela só podia rezar as que acontecem dentro, todo o resto seria como entrar em guerra com o céu.

Silêncio.

MERCEDES: Dizem que se Deus não quer, os santos não podem, mas antes da minha menina, a Quinta ajudou a tirar da minha irmã 17 cobrinhas da garganta. A coitada estava asfixiadinha. Quando a pobre estava dormindo, coloquei leite pra esquentar em uma panela, deixei o tempo de dizer uma oração, que a Quinta escreveu em um papel, e coloquei um copo com o leite debaixo da cama. Antes de o sol nascer, as cobrinhas estavam todas dentro do copo, flutuando, juntas e mortas. Se essa mulher vier até aqui, é porque o seu caso é de dentro da terra, como as cobrinhas.

INDALÉCIO: Acredita em todas essas coisas?

MERCEDES: Minha irmã ficou com o pescoço gordo como um garrafão, e aquelas cobras apareceram afogadas no leite. Chamam ela de Quinta porque é a quinta de sete irmãos. Dizem que todos os quintos nascem com um dom.

INDALÉCIO: Pode me dar outro lenço?

Mercedes dá outro lenço para Indalécio.

MERCEDES: Lembra daquele homem, vizinho da sua avó, que enquanto dormia matou a esposa e a filha pequena? Acha que um pai faria uma coisa dessas se não estivesse com alguma coisa metida lá dentro dele? Não sei se é o seu caso, mas existem pessoas nas quais o Sol entrou, e acabaram com a cabeça confusa como uma barraca de feira, loucas pra sempre, barganhando e pechinchando por sua alma. Você não perde nada por tentar.

INDALÉCIO: Já viu ela trabalhando?

MERCEDES: Tirou o Sol da cabeça de um sobrinho meu. Eu não estava lá, mas minha irmã me contou que a água na frigideira ferveu e que depois disso o menino nunca mais disse ou fez nada de estranho.

Silêncio.

INDALÉCIO: As pessoas se assustam quando ouvem coisas que não entendem. Por que você acha que te trancaram aqui? Todos nós temos pressentimentos estranhos de vez em quando...

INDALÉCIO: O que eu digo não é mais incrível que a água ferver sozinha em uma frigideira sobre a cabeça de alguém, ou serpentes saírem da boca de uma mulher pra acabarem mortas em um copo de leite. [*para si mesmo*] Mas dessa vez foi diferente. [*para Mercedes*] Como você entrou aqui?

Silêncio.

MERCEDES: Encontrei seu irmão Ângelo gritando debaixo da figueira. Olhou pra mim chorando e me disse que se eu coçasse suas costas...

INDALÉCIO: Você coçou?

Silêncio.

MERCEDES: ...me deixaria ver você por cinco minutos.

INDALÉCIO: Não pode coçar.

MERCEDES: Não imagina como ele estava chorando.

INDALÉCIO: Não pode coçar!

MERCEDES: Quase não dormi! Eu precisava ver você.

INDALÉCIO: Mercedes, não pode coçar!

Mercedes, envergonhada, olha para o chão.

MERCEDES: Eu sei.

Silêncio.

INDALÉCIO: Mercedes...

Silêncio.

MERCEDES: O quê?

Silêncio.

INDALÉCIO: Você acha que sua filha nasceu anã porque Deus quis?

Mercedes olha para cima.

MERCEDES: Se diz *acondroplásica*. É um pouco longo, mas o nome é *acondroplásica*.

Silêncio.

MERCEDES: Disseram que, enquanto está em fase de crescimento, ainda tem uma chance. A coisa toda é demorada porque existem poucos como ela, mas estão cada vez mais perto de encontrar a cura. Eu não vou parar de tentar. Você sabe que se entro na água é pra me molhar – afundo até o pescoço e nado quanto for preciso.

INDALÉCIO: Vá com cuidado.

MERCEDES: Não tenho escolha. O que posso fazer? O que Deus não me deu, vou ter que conseguir eu mesma.

INDALÉCIO: Você sabe que existe assistência pra essas coisas.

MERCEDES: Fui à prefeitura, mas aquela gente come mais do que caga. Fui atendida por um senhor de bigode.

INDALÉCIO: O que ele disse?

MERCEDES: Nada.

INDALÉCIO: Nada?

MERCEDES: Nada.

INDALÉCIO: E o que você disse pra ele?

MERCEDES: Quem não compreende um olhar tampouco entende palavras. A única coisa que essas pessoas sabem fazer é caminhar em círculos. Ou inaugurar parques. Vão à merda os parques, vão à merda os círculos.

Indalécio entrega a Mercedes os dois blocos de haxixe.

INDALÉCIO: Vá com cuidado.

MERCEDES: Fica tranquilo, não vão me pegar.

Mercedes segura a medalha no pescoço.

MERCEDES: Não vão me pegar.

INDALÉCIO: Tem duzentos gramas de haxixe, divididos em dois blocos.

Mercedes confere a mercadoria, sorri, pega um maço de notas e dá para Indalécio.

MERCEDES: Pode contar.

Indalécio pega o dinheiro e conta. Depois olha para Mercedes.

INDALÉCIO: O que você vai fazer esta tarde?

MERCEDES: Distribuir a mercadoria. Já juntei quase 6 mil.

INDALÉCIO: Aonde você vai?

MERCEDES: Encontrar uns russos, na praia, daqui a duas horas. Por quê?

INDALÉCIO: Duas horas?

MERCEDES: Sim, por quê?

INDALÉCIO: Já foi até a casa de cima?

MERCEDES: Qual casa?

INDALÉCIO: A casa dos árabes.

MERCEDES: Dos homens ou das mulheres?

INDALÉCIO: Das mulheres.

MERCEDES: Nunca.

Silêncio.

INDALÉCIO: Você a viu?

Silêncio.

MERCEDES: Não.

INDALÉCIO: Por onde você veio?

MERCEDES: Pelo caminho de sempre. O que está acontecendo?

Silêncio.

INDALÉCIO: Dessa vez não foi por causa das minhas histórias – estou aqui por outra coisa.

Silêncio.

INDALÉCIO: Eles me viram, Mercedes. Com ela. Na estufa.

Indalécio sai do armazém e entra na estufa. Farida está lá. Mercedes, do armazém, observa a cena.

HORA DO ALMOÇO

Indalécio coloca as mãos na cintura de Farida e desamarra o laço de seu moletom.

INDALÉCIO: Sonhei com isso tantas, tantas vezes.

Farida olha em volta, checando se alguém se aproxima. Indalécio olha para seu relógio.

INDALÉCIO: Temos dez minutos. A hora do almoço. Meu pai sempre dorme um pouco.

Indalécio ajoelha-se no chão.

FARIDA: O que *tá* fazendo?

INDALÉCIO: Calma, vai ficar tudo bem.

Farida prende a respiração e fecha os olhos; o Filho surge fora da estufa. Indalécio agarra a calça de moletom de Farida e a puxa para baixo. Farida grita. Indalécio coloca a palma de sua mão sobre a boca de Farida; ela se acalma.

INDALÉCIO: Vai ficar tudo bem.

O Filho não tem certeza se ouviu ou não alguma coisa. Indalécio ajoelha-se novamente e Farida fecha os olhos. Dentro da estufa, a cena lembra um daqueles quadros em que uma criança reza ajoelhada diante da Virgem Maria. Indalécio aproxima o nariz da calcinha de Farida, aspira fortemente; Farida coloca uma perna sobre um dos ombros de Indalécio. Indalécio a incita a fazer o mesmo com a outra perna. Para evitar a queda, Farida levanta os braços e segura-se à estrutura do telhado da estufa. O Filho pega um isqueiro do bolso e o acende.

MERCEDES: Não preciso te seguir. Eu posso imaginar.

Farida solta a estrutura; Indalécio caminha de volta para o armazém. O Filho desaparece.

NA PORTA HÁ UMA CRUZ

INDALÉCIO: Me perdoa.

MERCEDES: Por quê? Não tem motivos pra me pedir perdão...

Indalécio aproxima-se de Mercedes, tira das suas mãos o pacote com haxixe e se afasta, apertando o pacote contra o peito.

MERCEDES: O que está fazendo?

INDALÉCIO: Tem um canal de irrigação. Depois do canal, a casinha com um cachorro. A corrente em seu pescoço é comprida e o cão pode avançar até dez metros, mas nunca alcança a barragem. Você tem que caminhar sempre do lado esquerdo. Se você ficar colada na beira da barragem, não tem perigo. Quando passar a casinha, vai ver um açude. Atrás do açude, um poço. E atrás do poço, a casa das mulheres árabes. Na porta há uma cruz pintada.

Mercedes olha para o pacote de haxixe.

MERCEDES: Você não pode fazer isso comigo.

Silêncio.

MERCEDES: Como é que eu vou entrar de volta no armazém?

Indalécio aponta para a janela.

MERCEDES: Está louco? Como vou chegar lá em cima?

INDALÉCIO: Quando você voltar, joga uma pedra. Você vem até a porta e me conta o que ela disse. A voz entra perfeitamente pelas frestas. Depois eu jogo o pacote de haxixe pra você pela janela.

Silêncio.

INDALÉCIO: Já se passaram sete dias, e eu não sei o que está acontecendo com ela. Dessa vez, eles não me deixam sair nem pra fazer as minhas necessidades.

Mercedes desconfia.

INDALÉCIO: Eu faço lá atrás. Em um balde.

Silêncio.

INDALÉCIO: Vá, sobe até a casa, bate na porta e pergunta por ela. Se você se apressar, em meia hora está de volta... E ainda vai ter tempo de ir à praia depois.

Silêncio.

INDALÉCIO: Em meia hora você vai e volta.

Silêncio.

INDALÉCIO: Eu não vou sair daqui.

Mercedes olha para seu relógio. Silêncio. Em seguida olha para Indalécio, a janela alta e o pacote de haxixe... Mercedes sai rápido do armazém. Sobe a colina em direção à casa das mulheres árabes. Indalécio se deita no cobertor. O Filho Mais Velho, segurando em suas mãos uma calça, uma cueca, um par de meias e uma camisa, aparece no armazém.

QUANDO VOCÊ MORRER, ELES VÃO FALAR DE VOCÊ

FILHO MAIS VELHO: Pensei que você estaria mais sujo.

INDALÉCIO: Sou como os gatos, pra me limpar é só passar a língua.

O Filho Mais Velho oferece as roupas a Indalécio.

FILHO MAIS VELHO: Roupa lavada.

INDALÉCIO: Vão me rezar. Eles chamaram aquela curandeira.

FILHO MAIS VELHO: É pro seu bem. Não torne tudo mais difícil.

Silêncio. Indalécio começa a trocar de roupa.

FILHO MAIS VELHO: Por que não falou nada pra ele?

INDALÉCIO: Pra quem?

FILHO MAIS VELHO: Pro papai.

INDALÉCIO: Disse que o amava, mas que não amava suas terras.

FILHO MAIS VELHO: Sem dinheiro não se pode comer.

INDALÉCIO: E daí?

FILHO MAIS VELHO: Como assim e daí?

INDALÉCIO: Eu não gosto da terra.

Silêncio.

INDALÉCIO: Olha pra nós: somos uns desgraçados.

FILHO MAIS VELHO: Desgraçados? Como assim?

INDALÉCIO: É você quem pergunta?

FILHO MAIS VELHO: Para de falar besteira.

INDALÉCIO: Só entendem o que lhes interessa, e por isso acham que eu sou louco, porque assim fica tudo muito mais simples.

FILHO MAIS VELHO: Eu não acho que você é louco.

INDALÉCIO: Não?

FILHO MAIS VELHO: Não.

INDALÉCIO: E por que nunca diz nada? [*pausa*] Responde! Por que você nunca diz nada? Por que não abre a boca? Por que não dá a sua opinião?

Silêncio. O Filho Mais Velho não consegue falar. Então olha para a figueira e fica aturdido.

FILHO MAIS VELHO: Eu...

Silêncio.

FILHO MAIS VELHO: Eu...

Silêncio.

FILHO MAIS VELHO: Às vezes olho pra mim e... É como se atrás de mim existisse uma outra pessoa... Alguém que se parece comigo e olha pra mim, mas que não sou eu.

O Filho Mais Velho continua olhando em direção à figueira.

FILHO MAIS VELHO: É como se eu não estivesse vivo. Quando vou pra cama... Cada vez que acordo... Acho que vou morrer. Tenho medo, há tanto tempo, e não sei por quê. Às vezes eu sinto uma força brotando em mim, mas então percebo que é perda de tempo; que eu nunca vou ser capaz. Fico com um nó na garganta, como se um demônio me sufocasse por dentro. Quero gritar...

> Mas da minha boca não sai nenhum ruído...
> Nem um sopro de ar... Nada. O pior de tudo...

O Filho Mais Velho olha para baixo.

FILHO MAIS VELHO: O pior é que eu não sei por que tudo isso acontece.

O Filho Mais Velho volta a olhar para Indalécio.

FILHO MAIS VELHO: Faz mais de uma semana que não durmo, pensando no que você está fazendo aqui dentro, sozinho aqui. Continua escrevendo, com certeza.

O Filho Mais Velho leva os dedos indicadores para as têmporas e começa a fazer círculos.

FILHO MAIS VELHO: Dentro.

Indalécio sorri.

FILHO MAIS VELHO: Isso é o que me falta. Você sabe se divertir em qualquer lugar. A nova história – é como *Rambo*?

INDALÉCIO: Parecida.

FILHO MAIS VELHO: E como se chama?

INDALÉCIO: *Dentro da terra.*

FILHO MAIS VELHO: *Dentro da terra.* Parece bom.

INDALÉCIO: Fico feliz que você goste.

Silêncio.

INDALÉCIO: Deve estar procurando suas revistas.

O Filho Mais Velho pensa.

INDALÉCIO: Estão no meu quarto, debaixo das gavetas do armário. Eles estavam bisbilhotando em seu quarto. Antes que encontrassem, eu peguei e escondi. Ia te contar, mas não tive tempo.

FILHO MAIS VELHO: Não sei de que revistas você está falando.

Silêncio.

INDALÉCIO: Eu sei que você esconde essas revistas há anos.

O Filho Mais Velho olha para o chão.

INDALÉCIO: Às vezes nos sentamos pra comer e eu vejo as marcas nos seus pulsos, como se tivessem acabado de te desamarrar pro almoço.

Silêncio.

INDALÉCIO: Eles sabem que existem no mundo milhões de homens que sentem atração por outros homens, como você, mas nestas aldeias é fácil morrer sem nem ter aberto a boca. Se você está esperando que alguém se aproxime e te pergunte, esqueça. Quando você morrer, eles vão falar de você. Mas só depois que você morrer.

Indalécio pega a mão de seu irmão e a puxa para si, mas ele não se mexe, permanece imóvel, como se estivesse colado no chão. Indalécio olha para ele por alguns instantes; depois, sai sozinho do armazém. Lá fora estão o Pai, o Filho e uma curandeira: a Quinta.

DENTRO DA CABEÇA

A Quinta segura uma frigideira e uma garrafa d'água. Em uma espécie de coreografia inaugural, a Quinta começa a beijar, uma a uma, as pontas dos seus dedos e atravessar com sinais da cruz o peito, a cabeça e os ombros. Em seguida, abre a garrafa e beija repetidamente a tampa. Derrama o conteúdo da garrafa na frigideira, segura o cabo com as duas mãos e a mantém sobre a cabeça de Indalécio. O resto da família observa a cena, menos o Filho Mais Velho, que continua imóvel no armazém.

A QUINTA: Interponho esta água, santa e pura, entre esse vivente e o céu, loucura e desgraça, sabedoria e verdade, ouve o nosso pranto, Senhor Nosso

Deus, as lágrimas de sua família, eles, que também Te amam, seguindo o Teu caminho e observando os Teus mandamentos, as Tuas leis e os Teus preceitos, Tua maneira de amar, Teu mundo que é o nosso; rogo que abençoes e intercedas por nós, teus filhos, pobres e pequenos, fracos e atormentados, inúteis quando nos prostramos diante do grande enigma da vida; empurra e arranca fora dele, de uma vez pra sempre, o Sol de sua cabeça, e entra Tu, Ser Misericordioso, tomando posse de sua alma e ordenando as leis do seu corpo, afastando das sombras, dirigindo seu coração em direção à luz, oferecendo coerência, clareza, fortaleza e pulso diante da mentira, do crime e do pecado, da perdição e do horror; fazendo, Senhor, tudo o que puderes – que saia agora de sua cabeça o fogo em que vivem e respiram suas ideias.

PAI: Em nome do Pai...

O Filho Mais Velho sai do armazém e se junta à família.

FILHO: ...do Filho...

FILHO MAIS VELHO: ...e do Espírito Santo...

Silêncio. Todos olham para Indalécio.

INDALÉCIO: ...amém.

Todos os olhos estão fixos na frigideira. Silêncio. Nada acontece.

A QUINTA: Não ferve.

PAI: Como não ferve?

A QUINTA: Os mesmos olhos têm vocês e eu. Pra perceber as coisas que acontecem no mundo, pra isso é que temos olhos, e muito bem colocados entre a testa e o nariz. Dois, como dois sóis. A água não faz nenhuma bolha.

PAI: Não pode ser.

A QUINTA: Nesta criança não parece passar coisa amaldiçoada.

FILHO: Tem certeza?

A QUINTA: É a frigideira quem fala e a frigideira disse que não.

PAI: Nesta terra tem muita gente em quem o Sol entrou... Ouvi as histórias...

A QUINTA: Às vezes salta à vista, e eu logo digo que não tem necessidade de rezar, mas já tive problemas com outras famílias, que se irritam e... Bem... Querem que eu tente pelo menos uma vez, para o caso de estar errada; entendo eles, mas os senhores viram por si mesmos: nada.

A Quinta vai saindo.

FILHO: Aonde a senhora vai?

A QUINTA: Desculpe se decepcionei, mas isso aqui não é um *espetáculo*, eu não sou um mágico e os senhores não pagaram ingresso. A água não tem por que ferver. Então, com licença, vou por onde vim, tenho ainda muitas coisas pra fazer.

PAI: E o mau-olhado? Tem gente que põe, mesmo sem querer.

A QUINTA: Se afundar um dedo na moleira, aí é coisa ruim, mas se a moleira estiver dura, então não há mau-olhado que vingue.

O Pai, o Filho e o Filho Mais Velho tocam suas testas, tentando afundar os dedos em suas moleiras.

A QUINTA: O osso amacia e fica feito uma goma, mas o menino aqui...

A Quinta toca com os dedos a moleira de Indalécio.

A QUINTA: Esta criança tem a moleira mais dura que a frigideira. Me desculpem, mas eu rezo, só isso. Se minha reza não cura... Não tenho outro remédio.

A Quinta vai saindo novamente. O Pai e o Filho a detêm.

O PROCESSO

PAI: Ele olha pra nós. Não sabemos por quê.

FILHO: E faz coisas estranhas.

PAI: Ele diz que escreve.

FILHO: Que escreve com a cabeça.

PAI: Na escola, sempre deixava as provas em branco.

FILHO: Como é que vai ser escritor?

PAI: Você não sabe a vergonha que passamos com ele.

INDALÉCIO: Por isso me castigam.

FILHO: "O trancamos no escuro, não sei quantas vezes" – é o que ele diz.

PAI: Imagina o que pensam de nós na aldeia.

FILHO: Olham pra gente de rabo de olho toda vez que passamos.

PAI: Nós carregamos essa cruz.

A QUINTA: Vocês prendem o rapaz?

PAI: Nós?

FILHO: É ele mesmo que se tranca.

PAI: E apaga a luz.

FILHO: Se esconde no buraco.

PAI: Como se fosse um morcego.

FILHO: Tenho sempre que procurar, por todos os lugares.

PAI: Desaparece.

FILHO: Quando encontro, está no mundo da lua.

PAI: Encolhido.

FILHO: Num canto qualquer.

PAI: Ele diz que está escrevendo. Outro dia...

Silêncio.

PAI: Outro dia, encontramos deitado no meio do terraço.

FILHO: Enrolado em um cobertor.

PAI: Parecia um mendigo.

INDALÉCIO: Agora eles dizem que se preocupam comigo.

FILHO: Tem muita gentalha por aqui.

PAI: Como não ficaríamos preocupados?

INDALÉCIO: Eles me trancam e apagam a luz, pra que eu não possa ver nada, mas consigo escapar. Eles não entendem, não sabem como eu faço, mas eu escapo, eu sempre escapo.

PAI: Mente mais do que pisca.

FILHO: Agora ele diz que escapa e nós não sabemos por onde.

PAI: Amanhã pode aparecer com outra história qualquer.

INDALÉCIO: Conheci uma menina há pouco tempo.

PAI: Está vendo?

INDALÉCIO: Ela se chama Farida.

FILHO: Ele não sabe lidar com os empregados.

INDALÉCIO: Seu nome é Farida e estamos namorando.

PAI: Faz essas coisas pra nos envergonhar.

INDALÉCIO: É vergonhoso manter relações com os empregados?

FILHO: Está ouvindo?

PAI: Ele tem sempre uma explicação.

FILHO: Ele inventa, mas fala como se fosse verdade.

INDALÉCIO: Estou trancado no armazém há mais de uma semana. Eles mandaram o meu irmão Ângelo me buscar. Deram roupas limpas pra ele e mandaram dizer que eu me trocasse, porque sabiam que a senhora viria.

PAI: Não dê ouvidos a ele.

INDALÉCIO: É um castigo. Me viram com Farida na estufa. Não gostam dela porque é árabe.

PAI: A senhora acha normal que uma criança como ele ande por aí marcando encontros com essas pessoas?

FILHO: Tem muitas meninas nas aldeias.

PAI: Centenas, milhares de meninas.

FILHO: Mas ele não quer conversa com nenhuma.

PAI: Diz que são *vulgares*.

FILHO: Mas as mouras, não. As mouras não são vulgares.

INDALÉCIO: Faço as minhas necessidades dentro de um balde. Minha mãe morreu envenenada por causa dos agrotóxicos. Intoxicada. Quando chegamos no hospital já era tarde demais. O médico disse que meu pai também não tem muito tempo, por isso ele dividiu a terra. Vão ter que fazer um buraco no pescoço dele. Meu irmão Ângelo usa sempre essa roupa protetora porque sua pele sangra. Tem feridas nas costas, feridas que se abrem sozinhas e jorram sangue.

PAI: Ângelo tem apenas uma alergia!

O Filho Mais Velho olha para a Quinta.

FILHO MAIS VELHO: Vai sarar.

INDALÉCIO: Ângelo nunca fala. E quase não se move.

O Filho Mais Velho dá um passo para trás.

INDALÉCIO: Tem medo do que pode sair do seu corpo.

O Filho Mais Velho baixa a cabeça.

FILHO: Nos insulta na nossa cara e ainda se orgulha.

O Filho Mais Velho começa a ficar nervoso e parece que vai chorar.

PAI: Ângelo não fala porque é tímido!

FILHO: Sempre foi meio complexado.

INDALÉCIO: Ângelo pensa que meu irmão e meu pai amarram suas mãos pra ele não se coçar, mas na verdade é porque desde pequeno sempre foi afeminado e eles tentam corrigir sua natureza.

O Pai junta as mãos e implora para a Quinta.

PAI: Faça alguma coisa, por favor!

O Filho Mais Velho corre para a figueira.

PAI: Só abre a boca pra nos colocar uns contra os outros! Ângelo! Aonde você vai?

INDALÉCIO: "Os mouros só servem pra colher tomates" — não sabe quantas vezes tive que ouvir essa frase.

PAI: Eu imploro, faça alguma coisa!

O Filho Mais Velho desaparece atrás da figueira.

INDALÉCIO: Farida e eu estamos apaixonados. É isso o que tanto incomoda a eles.

FILHO: Sabem que nós temos dinheiro! Todo mundo sabe!

PAI: Ele não entende, mas essas meninas não têm onde cair mortas!

FILHO: Estão procurando um otário!

PAI: Estão dispostas a tudo!

FILHO: Basta um descuido!

PAI: Quando você menos espera!

FILHO: Já montaram em cima de você!

PAI: E te abrem as pernas!

FILHO: Tem que tomar cuidado!

INDALÉCIO: Nunca trocaram mais de quatro palavras com nenhuma delas.

PAI: Escuta: daremos o que a senhora quiser, mas por favor, faça alguma coisa, qualquer coisa.

INDALÉCIO: O que mais incomoda é que ela tenha entrado na estufa deles. Não querem que ninguém ponha os pés lá dentro. Nem mesmo eu. É por isso que está sempre trancada.

A QUINTA: O que eles guardam dentro da estufa?

Silêncio.

PAI: E o que poderia ser?

Silêncio.

PAI: A senhora não acredita no que esse maluco está dizendo, não é?

INDALÉCIO: Tomates especiais, cultivados em segredo.

PAI: Está obcecado com a estufa.

INDALÉCIO: Fazem experiências com os tomates.

FILHO: Tem produtos caros lá dentro, por isso estão guardados na estufa... Sabe quanto custam aqueles produtos?

PAI: Já peguei gente tentando roubar.

FILHO: E não são só os mouros ou os pretos – o pessoal das aldeias também.

PAI: Eles vêm de outras estufas.

FILHO: Pra roubar os produtos. São ladrões.

PAI: Até mesmo os proprietários de outras terras aqui perto.

FILHO: Tem muita gentalha por aqui.

PAI: O pessoal da fazenda aqui em frente – envolvidos com drogas. Eles passam as drogas para os mouros, barato, e eles distribuem: é uma rede.

FILHO: Nós temos medo dessa gente.

O Filho olha para o Pai. Silêncio.

PAI: A senhora pode imaginar? Ele é capaz de inventar qualquer história e nos denunciar pra polícia.

A QUINTA: Ele já tentou alguma vez?

INDALÉCIO: O policial mais inteligente daqui não saberia desenhar um círculo com um compasso; é por isso que as pessoas roubam e traficam.

PAI: Seu primo é da polícia!

INDALÉCIO: É um estúpido também. Se diverte espancando a namorada. A pobre coitada ficou meio louca de tanto apanhar. A senhora devia vê-la, dá pena. Seu olho direito quase bate no queixo. Não preciso de polícia.

Soa um alarme; todos paralisam.

A QUINTA: Sou eu. É o meu alarme. Eu uso ele porque senão esqueço das coisas. Tenho que ir embora.

A Quinta mostra o relógio em seu pulso.

A QUINTA: Meu sobrinho trouxe da Itália. É um relógio muito moderno, envia mensagens como um celular.

Todos, menos Indalécio, olham impressionados para o relógio.

A QUINTA: Meu sobrinho mora na Itália. Eu nunca fui, mas lá eles devem ter muita tecnologia. Antigamente, essas coisas vinham sempre de Ceuta. Vocês já foram à Itália?

Silêncio.

A QUINTA: E a Ceuta?

Silêncio.

A QUINTA: Em casa tenho outro igual. É o companheiro deste; eles vêm em pares, dentro da mesma caixa. Os dois relógios se comunicam. Têm o mesmo comprimento de onda. Em algum lugar no meu quarto eu guardo certas orações, que nunca pego porque não uso com frequência; são orações muito antigas, quase não lembro delas. Mas estão lá, tenho certeza. São orações muito grandes e poderosas, que exigem muito tempo pra serem rezadas. Então o relógio vai nos ajudar.

A Quinta tira o relógio do pulso e o coloca no pulso de Indalécio.

A QUINTA: Vou enviar as orações por mensagem. Os relógios estão sincronizados, a onda os conecta 24 horas por dia.

A Quinta vai saindo.

PAI: Um momento.

A QUINTA: Não se preocupem. Vou trazer alguns cartões-postais que meu sobrinho me mandou. São fontes italianas. Fontes preciosas, nem parecem feitas neste mundo. Podíamos ter aqui fontes como as de Roma, não acham? Que linda maneira de jorrar a água! Saem jatos de onde menos se espera! As pétalas de uma flor, a boca de um peixe, os olhos de um anjinho... Ao vivo deve ser... De chorar, mesmo. Algum dia eu vou com meu sobrinho. E se encontrar, compro alguns relógios como esses, um pra cada um de vocês. E vou enviar um cartão-postal, pra que guardem de lembrança. São bons cartões-postais, não são como os daqui: são de papelão, não de papelzinho, papelão duro, de qualidade, cartões-postais de qualidade, cartões-postais italianos, como o relógio. E agora chega.

A Quinta desenha no ar um sinal da cruz; em seguida, beija as pontas dos dedos das mãos e todos desaparecem. Todos, menos Indalécio, que continua trancado, deitado no chão, dentro do armazém, sobre o cobertor. Indalécio contempla o relógio que a Quinta colocou em seu pulso. Mercedes aparece fora do armazém. Mercedes se abaixa, pega uma pedrinha no chão e a atira. A pedra entra através da janela alta e cai dentro do armazém.

BÉLGICA

Mercedes e Indalécio correm para o portão de metal do armazém e falam através dele.

MERCEDES: Eu fiz o que você me disse! Tinha várias portas, bati onde a cruz estava pintada! Abriu uma menina.

INDALÉCIO: Farida?

MERCEDES: Não, não era ela.

INDALÉCIO: Quem era?

MERCEDES: Não sei, nunca tinha visto! A menina me disse que já faz uma semana que Farida não mora mais naquela casa.

INDALÉCIO: E o que mais?

MERCEDES: Me falou alguma coisa sobre a Bélgica.

INDALÉCIO: Bélgica?

O Pai e o Filho aparecem no interior da estufa.

MERCEDES: Sim, e também falou sobre um caminhão, mas não sei se entendi direito.

Silêncio. O Filho pega uma mesa dobrável, abre e certifica-se de que as pernas da mesa estão bem encaixadas. Faz o mesmo com uma cadeira. O Pai se senta e o Filho coloca uma bandeja diante dele. O Filho anda por entre os galhos até que escolhe um tomate, colhendo-o.

MERCEDES: Você está aí?

O Filho coloca o tomate sobre a bandeja e deposita uma faca, um recipiente de azeite e um saleiro sobre a mesa. Como uma espécie de serviçal, o Filho fica de pé ao lado do Pai. Indalécio se afasta do portão, pega o pacote de haxixe e o coloca em um saco. Com o haxixe, também coloca o maço de notas que Mercedes lhe dera. O Filho pega a faca e cuidadosamente corta o tomate pela metade. Indalécio mira e joga o saco com força. O saco atinge a altura da janela e sai por ela. Mercedes, que ainda está junto ao portão, ouve um barulho: é o saco que caiu no chão. O Pai separa as duas metades do tomate e as coloca na bandeja. Mercedes vai até o saco e pega. O Pai segura uma das metades do tomate. Cheira. Mercedes abre o saco. O Pai dá ao Filho o tomate, o Filho cheira. Mercedes verifica o material, e no interior do saco descobre o dinheiro que havia dado para Indalécio. Mercedes pega o dinheiro e, surpresa, observa. O Filho devolve a metade do tomate ao Pai e dá um sorriso. Mercedes, surpresa, pega outra pedrinha e joga através da janela alta. A pedrinha atinge a altura da janela e penetra no armazém. Mais uma vez, Indalécio caminha até o portão de metal, sem entusiasmo. Do outro lado está Mercedes.

MERCEDES: Seu dinheiro!

O Pai leva a metade do tomate até a boca e dá uma grande mordida, devorando o pedaço.

MERCEDES: Está me ouvindo?

Silêncio.

MERCEDES: Você me jogou o dinheiro que te dei!

O Pai, satisfeito, volta-se para o Filho, sorrindo de orelha a orelha. Indalécio não responde.

MERCEDES: Indalécio?

Uma rajada de vento sacode a terra e levanta poeira, que bate contra as janelas, os plásticos e as paredes. Todos, surpresos, menos Indalécio, olham em volta. Silêncio. Mercedes bate na porta do armazém e o Pai passa para o Filho a metade do tomate, para que ele o leve à boca. O Filho dá uma mordida.

MERCEDES: Indalécio?

O Filho, com o tomate na boca, olha para o Pai e faz um gesto afirmativo. Em seguida, o Filho pega o saleiro e dá ao Pai; este coloca o sal na outra metade do tomate. O Filho toma o saleiro e coloca-o na mesa. O Filho pega o recipiente de azeite e oferece ao Pai. Indalécio afasta-se do portão de metal e se senta no cobertor. O Pai despeja o azeite no pedaço de tomate. Mercedes olha para o portão e, em seguida, olha para o dinheiro. O Pai deposita o recipiente de azeite na mesa, e Mercedes leva a mão à medalha com a imagem de sua filha. Mercedes, empunhando a medalha, sai em disparada em direção à praia. O Pai segura o pedaço de tomate com sal e azeite e dá uma mordida, devorando-o. O Pai olha para o Filho e, com o tomate ainda dentro da boca, dá um grande sorriso. O Pai parece sinalizar um "sim" definitivo; estende ao Filho o resto do tomate mordido. O Filho pega e coloca na boca. O sol começa a brilhar, cada vez mais forte, entrando pela janela do armazém. Como um sabre de luz, os raios atingem a cabeça de Indalécio. O Pai e o Filho recolhem a mesa e a cadeira, pegam uma cesta grande e começam a remover os tomates dos pés, um por um, tomando cuidado para não arrancar os talos. A luz do sol continua entrando com força através da janela alta. O relógio de Indalécio toca. É a Quinta, que enviou uma mensagem. Indalécio pressiona um dos botões, lê a mensagem e, assombrado, olha para a janela. O reflexo dos raios dificulta o seu olhar. O Pai e o Filho continuam enchendo a cesta de tomates. Indalécio, dentro do armazém, cobre-se com o cobertor e fecha os olhos. O Filho Mais Velho aparece debaixo da figueira, vestindo seu traje protetor branco, como de costume. O Filho Mais Velho segura suas duas pedras e se ajoelha. Quando Indalécio abre os olhos, não está mais dentro do armazém, e sim na estufa. O Pai e o Filho desapareceram. Os tomates também.

DÚVIDAS E CANSAÇO

FILHO MAIS VELHO: A janela era o único lugar por onde você poderia escapar, mas era muito alta. Dentro do armazém, não deixaram nada que você pudesse usar pra alcançar o buraco. Ninguém sabe como você conseguiu. Papai mandou nosso irmão procurar você. Eu fiquei aqui, esperando, como sempre, debaixo da figueira.

Dentro da estufa aparece Farida, com os cabelos soltos.

INDALÉCIO: Farida?

Silêncio.

INDALÉCIO: Mandei Mercedes até sua casa, pra te procurar. Uma das meninas disse que tinham embarcado você no caminhão.

Silêncio.

INDALÉCIO: Fico feliz que tenha sido só um mal-entendido.

Silêncio.

INDALÉCIO: Fiquei mais de uma semana trancado no armazém.

Silêncio.

INDALÉCIO: Onde está seu lenço?

Farida sorri.

INDALÉCIO: Não usa mais?

Farida faz um gesto de negação.

INDALÉCIO: Dei o dinheiro pra Mercedes, pra ajudar a filha dela. Achei que não nos veríamos de novo.

Silêncio.

INDALÉCIO: Não vai dizer nada?

Silêncio.

FARIDA: Lembra: *iscrever* é como revelar um mistério. Não tem mapa que leva ao *tisoro iscondido*, nunca tem um X pra *indicá u* lugar.

Indalécio estende a mão com intenção de tocar Farida, mas não a alcança.

INDALÉCIO: Amanhã é meu aniversário.
Silêncio.

INDALÉCIO: Gostaria que você viesse.

Farida sorri.

INDALÉCIO: Estou te convidando.

Silêncio.

INDALÉCIO: Você vem?

Farida faz um gesto afirmativo e dá meia-volta.

INDALÉCIO: Você vem?

Farida se detém e olha para Indalécio. O Filho Mais Velho, que continua segurando as pedras, ajoelhado debaixo da figueira, volta a falar.

FILHO MAIS VELHO: Depois de procurar durante horas, nosso irmão te encontrou.

O Filho aparece dentro da estufa.

FILHO MAIS VELHO: Nos seus olhos, dava pra ver o cansaço de alguém que levou semanas tentando cruzar um deserto inteiro. Perdido.

FILHO: Essa vai ser a última vez, Indalécio.

Indalécio se vira na direção do Filho. Os dois estão cara a cara.

FILHO: Eu juro por Deus que vai ser a última.

Indalécio vira-se para dizer adeus a Farida, mas ela sumiu. O Filho Mais Velho se levanta, solta as pedras e permanece de pé ao lado da árvore.

FILHO MAIS VELHO: Naquela noite, as palavras não existiram. No dia seguinte, ninguém lembrava do que aconteceu.

O Filho caminha até Indalécio, segura seu braço e o conduz para fora da estufa, na direção do pátio. O Pai está lá, sentado.

FILHO MAIS VELHO: Na casa, se respirava um outro ambiente, um ambiente familiar, aconchegante, talvez porque fosse uma data especial. Ou talvez aquele não fosse o dia seguinte, mas outro... As datas importantes acabam se confundindo, até que se misturam e se transformam em um único instante.

Diante do Pai, na mesa, uma bandeja coberta. Indalécio e o Filho acomodam-se, cada um em uma cadeira. O Filho Mais Velho desaparece atrás do tronco da figueira.

O SABOR DO TOMATE

PAI: Pensamos: já que é seu aniversário, e já que os tomates ainda não têm sequer um nome... Que seja você a batizá-los.

O Pai descobre a bandeja. Dentro, há três tomates.

FILHO: Parabéns.

Indalécio abre um pequeno sorriso.

PAI: O preço foi determinado nesta manhã.
FILHO: Nós conseguimos.
PAI: Um recorde.
FILHO: Oito e cinquenta por quilo.

Silêncio.

PAI: Não vai dizer nada?
FILHO: Não acredita?

O Pai faz um gesto; o Filho pega um papel e joga em cima da mesa.

PAI: Aqui está a fatura.
FILHO: Daqui a dois anos...
PAI: Ricos. Não existe tomate mais caro.
FILHO: No mundo inteiro.

O Pai e o Filho sorriem.

PAI: E você vai querer saber se na central de abastecimento este é o preço que nos pagam, a quanto vão ser comercializados no mercado?

FILHO: Isso não é da nossa conta.

PAI: Mas seu irmão e eu imaginamos...

O Pai e o Filho olham um para o outro.

FILHO: Treze?

PAI: Catorze?

FILHO: Quinze euros o quilo?

O Pai e o Filho riem juntos.

PAI: Quem será o idiota que vai comprar tomates por esse preço?

FILHO: Mas quem iria comprar aqueles tomates *raf* há cinco anos, por seis ou sete euros?

PAI: Hoje todo mundo compra, em todos os supermercados.

FILHO: Com esses aqui...

PAI: ...vai acontecer o mesmo.

Silêncio.

PAI: Não vai dizer nada?

Silêncio.

FILHO: O que você acha disso tudo?

Longo silêncio. O Pai e o Filho observam Indalécio.

PAI: Algo errado, Indalécio?

INDALÉCIO: Acho que...

Silêncio.

INDALÉCIO: Ângelo — penso muito nele e... Eu tento, mas...

O Filho Mais Velho aparece debaixo da figueira.

INDALÉCIO: Não consigo tirá-lo da minha cabeça.

PAI: Indalécio: apesar de nos esforçarmos, existem coisas que...

FILHO: Não suportava a coceira, por isso ele fez aquilo...

PAI: Seu irmão sofria demais.

FILHO: É difícil, mas não há o que fazer.

PAI: Ele está certo.

FILHO: Talvez tenha sido melhor assim.

Silêncio.

INDALÉCIO: Não acho que Ângelo sofria só por causa da coceira.

FILHO: Não vamos começar.

PAI: Indalécio, estamos comemorando seu aniversário.

INDALÉCIO: Ângelo sofria por outras coisas, e vocês sabem disso muito bem, mas nunca tiveram coragem de reconhecer.

FILHO: Imaginação sua.

INDALÉCIO: Por que amarravam suas mãos?

PAI: Agora somos responsáveis por tudo o que acontece no mundo?

INDALÉCIO: Por que amarravam as mãos dele?

FILHO: Ele pedia!

PAI: Você, melhor que ninguém, sabe que Ângelo não podia se coçar! Pra que falar disso agora? Foi para ajudá-lo! Ajudá-lo!

O Filho Mais Velho, que continua debaixo da figueira, fala.

FILHO MAIS VELHO: Indalécio me encontrou pendurado na árvore, ainda vivo, com os olhos abertos e os pés a um palmo da terra. Tentou me desamarrar, mas não conseguiu.

FILHO: Ele não pôde suportar a coceira. Essa é a única razão.

Silêncio.

PAI: Todos nós ficamos abalados pelo que aconteceu com seu irmão.

FILHO: A diferença é que você é um maníaco, está sempre dando voltas, remoendo as mesmas coisas, repetidas vezes.

INDALÉCIO: Eu?

PAI: Assim que nós o enterramos, a primeira coisa que você fez foi enfiar em seus bolsos as pedras que Ângelo segurava pra não se coçar.

FILHO: E com a Quinta, a curandeira?

INDALÉCIO: Foram vocês que chamaram.

PAI: Claro que fomos nós.

FILHO: Chamamos pra que ela rezasse as feridas do Ângelo.

PAI: Mas você insistiu para que ela colocasse a frigideira na cabeça dele.

FILHO: Você começou a espernear.

PAI: Como um louco.

FILHO: Espernando no chão.

PAI: E não parou até a Quinta colocar a frigideira na cabeça dele.

Indalécio pega uma faca. Silêncio. O Pai e o Filho o observam. Com a faca na mão, Indalécio pega um tomate. Indalécio leva a faca ao talo do tomate. O Pai e o Filho acompanham a operação: os três, cuidadosa e simultaneamente, cortam o tomate ao meio. Em seguida, pegam uma metade do tomate e a cheiram. Eles olham uns para os outros. Os três dão uma mordida e saboreiam.

FILHO MAIS VELHO: Ainda me lembro da sua primeira história: *Rambo*, aquele gato que tivemos e que um dia desapareceu.

Indalécio mastiga o tomate, concentrado.

FILHO MAIS VELHO: Sem razão aparente, o gosto daquele tomate fez com que Farida voltasse à sua cabeça. Te conectou com ela.

Indalécio permanece concentrado.

FILHO MAIS VELHO: E do mesmo jeito que aconteceu com o gato, você lembrou da história de Farida e do encontro que tiveram. Ou não? Na dúvida, olhou pro nosso pai e disse...

INDALÉCIO: Papai.

O Pai olha para Indalécio. Enquanto isso, o Filho continua à mesa.

INDALÉCIO: Sabe quem eu vi outro dia?
PAI: Quem?

INDALÉCIO: Farida.

Silêncio.

PAI: Quando você vai parar de falar besteiras?

INDALÉCIO: Eu vi.

FILHO: Impossível.

INDALÉCIO: Por quê?

PAI: Porque seu irmão pegou essa garota metendo as mãos onde não devia.

INDALÉCIO: Vocês sabiam que eu costumava me encontrar com Farida. O que fizeram com ela?

Silêncio.

INDALÉCIO: O que vocês fizeram com ela?!

FILHO: Sabe o que fizemos com ela!

Silêncio. Indalécio baixa a cabeça.

INDALÉCIO: Não pode ser...

PAI: Calma.

INDALÉCIO: Eu vi. Ela estava dentro da estufa – seu cabelo estava solto, ela não usava o lenço.

O Pai e o Filho se olham, intrigados.

INDALÉCIO: Convidei pro meu aniversário. Ela disse que sim. Disse que viria.

Silêncio.

PAI: Viu a garota – *onde*?

INDALÉCIO: Na estufa. Sem o lenço nos cabelos.

O Pai e o Filho se olham novamente.

FILHO MAIS VELHO: Papai e nosso irmão ficaram muito nervosos.

O Pai e o Filho se levantam e rodeiam Indalécio.

FILHO MAIS VELHO: Então pegaram você.

O Pai e o Filho batem em Indalécio.

PAI: Para de mentir!

FILHO: Se continuar mentindo...

PAI: Vamos ter que tomar uma atitude.

FILHO: Entendeu?

FILHO MAIS VELHO: Naquela noite, enquanto todos dormiam...

O Filho Mais Velho se aproxima de Indalécio. O Filho Mais Velho segura o braço de Indalécio e o conduz.

INDALÉCIO: ...você abriu a porta e me levou pra fora. Então me falou...

O Filho Mais Velho conduz Indalécio para a estufa.

FILHO MAIS VELHO: Farida não foi colocada em nenhum caminhão pra Bélgica, como nos disseram. Nem ela nem nenhum dos trabalhadores que, durante todo esse tempo, desapareceram daqui. Isto não é uma estufa. Não, não é...

Indalécio sobe até o telhado da estufa.

FILHO MAIS VELHO: Lembra: escrever é como desvendar um mistério. Não há mapas que levam a tesouros escondidos, e nunca há um X para indicar o lugar.

O Filho Mais Velho se afasta em direção à figueira, deixando Indalécio sobre o plástico no teto da estufa. No pátio estão o Pai e o Filho. A terra começa a tremer.

PAI: Você sentiu?

FILHO: Parece um terremoto.

A luz do céu que banha a terra vai ganhando a cor do chumbo.

PAI: Não, não é um terremoto: é o céu, está vermelho. Feche as janelas, cubra o pátio com o plástico! Cubra tudo! Vai chover terra.

Um relâmpago rasga o céu, enquanto o Filho começa a cobrir o pátio com um grande plástico. O Pai ajuda como pode. O Filho Mais Velho já está sob a figueira. Indalécio, no teto da estufa, se prepara para saltar.

PAI: Seu irmão?

FILHO: Eu não sei!

INDALÉCIO: Basta pisar na cruz.

Indalécio pula, mas cai numa posição ruim e escorrega.

PAI: Onde está seu irmão?

Indalécio se levanta.

INDALÉCIO: Basta pisar na cruz!

Indalécio salta novamente, mas tropeça e cai de bruços sobre os plásticos. O Filho, enquanto cobre o pátio, chama por seu irmão.

FILHO: Indalécio!

Indalécio volta a se levantar.

INDALÉCIO: Basta pisar na cruz!

Indalécio salta novamente, mas termina outra vez caindo.

FILHO: Indalécio!

Indalécio desiste e decide se arrastar. Começa a rastejar sobre o plástico. Aos poucos, chega à comporta, tira uma chave do bolso, a insere em um cadeado e levanta um pedaço do telhado de plástico da estufa. O Filho vê seu irmão a distância, deitado de bruços sobre a estufa.

FILHO: Pai! Lá! Na estufa!

O Pai e o Filho desaparecem. Um trovão é ouvido e Indalécio entra na estufa. Indalécio dá voltas, olhando de um lado para o outro até que, de repente, começa a se sentir mal e coloca a mão no estômago. Sente náuseas. Outro trovão é ouvido. Outra náusea. E mais outra. Indalécio olha para baixo e permanece com os olhos colados no chão. Pausa. O Filho Mais Velho, que continua sob a figueira, fala.

FILHO MAIS VELHO: Última cena: *Dentro da terra.*

DENTRO DA TERRA

Indalécio se ajoelha no chão e começa a cavar, cada vez com mais insistência. O Filho Mais Velho desaparece atrás do tronco da figueira. O Pai e o Filho, armados cada um com uma picareta, aparecem no fundo da estufa. Indalécio, com as próprias mãos, continua a cavar um buraco no chão. O buraco é cada vez mais profundo. O Pai e o Filho caminham lentamente até chegarem próximos das costas de Indalécio. Silêncio.

FILHO: Levanta as mãos se não quiser ficar sem elas.

Indalécio para de cavar.

FILHO: Escutou?

Indalécio retira as mãos do buraco.

PAI: A história termina aqui.

Indalécio permanece quieto, em frente ao buraco e de costas para o Pai e o Filho.

FILHO: Que merda você está fazendo?

Silêncio.

PAI: Você está surdo? Seu irmão fez uma pergunta.

Silêncio.

INDALÉCIO: Eu estou...

Silêncio.

INDALÉCIO: ...cavando um buraco.

FILHO: Isso nós estamos vendo, não somos idiotas.

PAI: Responde!

Silêncio.

INDALÉCIO: Por que vocês mentiram?

PAI: Do que você está falando?

Indalécio permanece ajoelhado diante do buraco.

INDALÉCIO: Os caminhões nunca levaram ninguém pra Bélgica.

Silêncio.

PAI: Acho que não ouvi direito. Você ouviu?

FILHO: Não.

PAI: Viu só? Seu irmão também não escutou. Pode repetir o que disse?

INDALÉCIO: Proibiram a entrada dos vivos, porque utilizam os corpos como adubo.

FILHO: Os vivos?

PAI: Como adubo?

FILHO: O que você quer dizer?

INDALÉCIO: Aqui, dentro da terra: Farida e todos os que desapareceram. É por isso que vocês mantêm a estufa trancada – porque isto não é uma estufa.

FILHO: Só vejo plástico, pra onde quer que eu olhe.

INDALÉCIO: Eu, não.

Silêncio. Indalécio se levanta e, de costas para o buraco, dá meia-volta e olha para sua família.

INDALÉCIO: Eles estão todos aqui, debaixo dos meus pés.

PAI: Onde?

INDALÉCIO: Dentro da terra.

Um relâmpago ilumina a terra.

FILHO: Está falando sério ou está tirando sarro da gente?

INDALÉCIO: Por que vocês estão segurando essas picaretas?

O Pai e o Filho olham para as picaretas em suas mãos.

PAI: Estas aqui?

FILHO: Encontramos lá atrás.

PAI: E trouxemos pra guardar aqui dentro.

FILHO: Por que a pergunta?

Silêncio.

PAI: No que está pensando, Indalécio?

Silêncio.

FILHO: Por que está olhando assim pra gente?

INDALÉCIO: Vou continuar cavando.

O Pai e o Filho se olham. Outro trovão explode no céu.

INDALÉCIO: Se dentro da terra tiver apenas mais terra... Então podem me levar pra torre mais alta e me trancar pra sempre.

FILHO: Realmente: você acha que esse é um bom final?

PAI: O que te faz pensar, Indalécio, que nós...?

INDALÉCIO: O dinheiro. As mentiras.

PAI: Quê?

INDALÉCIO: Dinheiro e mentiras.

FILHO: Que dinheiro? Que mentiras?

Silêncio.

PAI: Você fala como se só precisasse de ar pra viver.

FILHO: Mas isso não é verdade. Pra viver, a única coisa que você precisa somos nós.

PAI: Passa o dia à toa e ainda se atreve a nos chamar de *mentirosos*.

FILHO: A quem nós estamos enganando, Indalécio, se na verdade nós somos *seus* escravos?

PAI: Nós trabalhamos, dia e noite, pra *você*.

FILHO: E aí você nos insulta, porque não gosta do jeito como fazemos as coisas.

PAI: Não será *você* o egoísta?

FILHO: Não será justamente o contrário do que você pensa?

PAI: Não será *você* que *nos* engana, Indalécio?

Silêncio.

PAI: Nunca pensei que chegaríamos a este ponto.

FILHO: Eu também não.

Silêncio. O Pai olha para baixo.

PAI: Tentei te ensinar, te dei tudo... Mas você...

O Pai dá um passo adiante. Indalécio imediatamente dá um passo para trás. O buraco agora está mais perto dele.

PAI: ...onde eu plantei, você cuspiu, sempre cagou pras minhas expectativas.

O Pai ergue a cabeça e olha nos olhos de Indalécio.

PAI: Pras minhas e pras do seu irmão.

O Filho olha para baixo.

FILHO: Nunca nos escutou, em nada. Nós não queríamos que você se juntasse com aquela Mercedes porque nunca gostamos dela. Uma mulher dez anos mais velha que você, grávida de um hippie com o cabelo cheio de merda...

O Filho dá um passo adiante. Indalécio imediatamente dá um outro passo para trás. O buraco agora está mais perto dele.

FILHO: Mas você dizia que *não*: que ela era *uma boa mulher* e que nós tínhamos que *ajudá-la*.

O Filho ergue a cabeça e olha nos olhos de Indalécio.

FILHO: Quem cuida daquela criança, agora? As presidiárias com quem ela divide a cela? O hippie? A mãe, que é velha e não consegue nem se mover? Por que tínhamos que ajudá-la, Indalécio? Pra escapar da polícia?

O Pai volta a olhar para baixo.

PAI: Sempre contra nós. É sua especialidade. Você não sabe quantas vezes eu pensei mal de mim mesmo... Não, não sabe. Criei você como criei o resto dos meus filhos, sem diferença, como todos os pais fazem com seus filhos, da mesma forma. Pra aqueles que tentaram me enganar, que me roubaram na minha própria casa, aí sim: eu dei a eles o que mereciam, nada mais. Mas se fosse por você...

O Pai dá mais um passo para a frente. Indalécio imediatamente dá mais um passo para trás. O buraco agora está mais próximo dele.

PAI: ...eles teriam roído os nossos ossos e nos tirado até os olhos.

O Pai ergue a cabeça e olha nos olhos de Indalécio.

PAI: Me chama de bruto, inumano e não sei o que mais...

Silêncio.

PAI: ...eu só estou tentando me defender...

O Filho volta a olhar para baixo.

FILHO: Mas você não vê desse jeito. Prefere que arrombem as nossas gavetas e levem tudo. Mas a mão que te alimenta, essa mão...

O Filho dá mais um passo para a frente. Indalécio imediatamente dá um passo para trás. Agora não há mais espaço entre Indalécio e o buraco.

FILHO: ...pode ser roubada, enquanto você...

O Filho ergue a cabeça e olha nos olhos de Indalécio.

FILHO: ...você nos reduz a pó, Indalécio.

O Pai volta a olhar para baixo.

PAI: Todas as nossas esperanças foram depositadas aqui, nesta estufa. Você sabe disso. Você estava esperando o momento certo. Quando finalmente conseguimos; quando você percebeu que nossos esforços começavam a dar frutos...

O Pai dá mais um passo para a frente. Indalécio dá um passo para trás e cai de costas dentro do buraco.

PAI: ...aí você resolve escavar e esburacar tudo porque pensa que nós...

Silêncio. O Pai oferece a Indalécio a picareta que segurava.

PAI: Toma, meu filho. Pegue e cave. Se vai se sentir melhor, cave um dia, cave dois, três dias, um mês... Cave durante um ano inteiro. Não tenha pressa – cave. Cave até que só reste um imenso buraco, cave até que tudo desapareça.

O Pai coloca a picareta sobre o corpo de Indalécio.

PAI: Cave até chegar ao centro da Terra.

O Pai dá meia-volta. O Filho faz o mesmo. Juntos, começam a sair. Indalécio, que continua no buraco, vê os dois caminharem até o fundo da estufa. O Pai e o Filho saem. Outro relâmpago ilumina a terra.

A HISTÓRIA TERMINA AQUI

Indalécio sai do buraco. Olha para a saída da estufa. Olha para o buraco e para a saída. O buraco, a saída. Indalécio hesita, mas acaba pegando uma chave no bolso e saindo da estufa pelo mesmo lugar por onde entrou: o vão do teto. Fora, introduz a chave no cadeado, trancando a porta. O Pai e o Filho aparecem do lado de fora. Indalécio os vê. O Pai e o Filho, tristes, caminham em direção à casa. Indalécio desce do telhado da estufa e para diante deles. O Pai e o Filho param na frente de Indalécio, que estende a mão e entrega a seu Pai a chave da estufa. Silêncio. O Pai aceita. Sem dizer nada, Indalécio coloca-se por trás deles e, juntos, começam a andar em direção à casa. Um trovão ecoa no céu. Indalécio para próximo à figueira e a observa. O Pai e o Filho continuam caminhando, mas, antes de entrar na casa, param e observam como Indalécio, imóvel, mantém os olhos na árvore. Silêncio. Indalécio coloca as mãos nos bolsos e pega as duas pedras de seu irmão Ângelo. Joga as pedras com força. As pedras voam acima da figueira e desaparecem na distância. Indalécio inclina a cabeça para trás e, com passo lento e desanimado, caminha para junto do Pai e do Filho, que ainda estão à sua espera. Indalécio coloca-se entre o Pai e o Filho e apoia a palma da mão sobre o ombro do Pai. Em seguida, faz o mesmo no ombro do Filho. O céu range e os três desaparecem. O Filho Mais Velho sai de trás do tronco da figueira.

FILHO MAIS VELHO: Quando você olha pra trás e observa sua vida, tudo parece um sonho ou uma história inventada.

Na estufa, junto ao buraco, aparece Farida.

FARIDA: O presente é como um relâmpago.

Na janela do armazém, surge Mercedes.

MERCEDES: Quando seu brilho desaparece, só resta falar sobre o que aconteceu.

A Quinta aparece perto da estufa, segurando sua frigideira.

A QUINTA: É preciso pisar onde as linhas se cruzam.

FILHO MAIS VELHO: Sem hesitar.

FARIDA: Ou você afunda.

MERCEDES: É fácil cair se você não está preparado.

A QUINTA: Temos que pisar na cruz, onde as linhas se encontram.

FILHO MAIS VELHO: Quando você pensa a respeito, tudo parece fácil.

FARIDA: Mas na prática é diferente.

MERCEDES: Quase nunca estamos preparados.

A QUINTA: Quase nunca.

FILHO MAIS VELHO: Pra quase nada.

FARIDA: Dizem que as coisas nunca são como você imagina.

MERCEDES: Pode até ser verdade.

A QUINTA: Ou talvez...

Um relâmpago brilha no céu.

FILHO MAIS VELHO: Ou talvez não.

Um trovão explode como uma bomba. O Filho Mais Velho, Farida, Mercedes e a Quinta levam as mãos aos ouvidos. Os quatro olham para o céu. Sobre eles, começa a chover terra.

FIM

Por que publicar dramaturgia

Os textos de teatro são escritos de diversas maneiras: durante ensaios, como adaptações de romances, a partir de discussões com encenadores e artistas, solitariamente, vindos de ideias avulsas ou de enredos históricos, além de tantas outras maneiras existentes e por serem inventadas. Pensar o texto dramático como um modo de escrita para além do papel, que tem a vocação de ser dito e atuado, não elimina seu estágio primeiro de literatura. O desejo de pensar sobre as diferenças e confluências entre o texto dramático e o texto essencialmente literário nos levou a elaborar este projeto de publicações: a *Coleção Dramaturgia*. Queríamos propor a reflexão sobre o que faz um texto provocar o impulso da cena ou o que faz um texto prescindir de encenação. E mesmo pensar se essas questões são inerentes ao texto ou à leitura de encenadores e artistas.

O livro é também um modo de levar a peça a outros territórios, a lugares onde ela não foi encenada. Escolas, universidades, grupos de teatro, leitores distraídos, amantes do teatro. Com o livro nas mãos, outras encenações podem ser elaboradas e outros universos construídos. Os mesmos textos podem ser lidos de outros modos, em outros contextos, em silêncio ou em diálogo. São essas e tantas outras questões que nos instigam a ler os textos dramáticos e a circulá-los em livros.

Publicar a *Coleção Dramaturgia Espanhola*, que chega às prateleiras após o generoso convite de Márcia Dias à Editora Cobogó, e com o importantíssimo apoio da Acción Cultural Espanhola – AC/E, foi para nós uma oportunidade de discutir outras linguagens no teatro, outros modos de pensar a dramaturgia, outras vozes, e, ainda, expandir nosso diálogo e a construção de uma cultura de *ler teatro*. Ao ampliar nosso catálogo de textos dramáticos com as peças espanholas — ao final deste ano teremos trinta títulos de teatro publicados! —, potencializamos um rico intercâmbio cultural entre as dramaturgias brasileira e espanhola, trazendo aos leitores do Brasil uma visada nova e vibrante, produzida no teatro espanhol.

Isabel Diegues
Editora Cobogó

Dramaturgia espanhola no Brasil

Em 2013, em Madri, por intermédio de Elvira Marco, Elena Díaz e Jorge Sobredo, representantes da Acción Cultural Española – AC/E, conheci o Programa de Intercâmbio Cultural Brasil-Espanha. O principal objetivo do programa seria divulgar a dramaturgia contemporânea espanhola, incentivar a realização das montagens dessas obras por artistas brasileiros, estimular a troca de maneiras de fazer teatro em ambos os lados do Atlântico, promover a integração e fortalecer os laços de intercâmbio cultural entre Brasil e Espanha.

O programa havia, então, selecionado dez obras, através de um comitê de personalidades representativas das artes cênicas espanholas. A ideia inicial seria contratar uma universidade para a tradução dos textos, buscar uma editora brasileira que se interessasse em participar do projeto no formato e-book, programar entrevistas com os autores e promover a difusão dos textos através de leituras dramatizadas com diretores de grupos e companhias brasileiras.

Ao conhecer o programa, comecei a pensar sobre como despertar o interesse de uma editora e de artistas brasileiros para participar dele. O que seria atraente para uma editora, e consequentemente para o leitor, na tradução de um texto da atual dramaturgia espanhola? Como aproximar artistas brasileiros para a leitura de obras espanholas? Como verticalizar a experiência e fazer, de fato, um intercâmbio entre artistas brasileiros e espanhóis? Estimulada por essas e outras questões e percebendo o potencial de articulação, cruzamentos e promoção de encontros que um projeto como esse poderia proporcionar, encampei o programa expandindo suas possibilidades. A ideia, agora, seria aproximar artistas dos dois países em torno de um projeto artístico mais amplo potencializado pelo suporte de festivais internacionais realizados no Brasil que se alinhassem aos objetivos do TEMPO_FESTIVAL, dirigido por mim, Bia Junqueira e César Augusto, principalmente no que se refere ao incentivo à criação e suas diferentes formas de difusão e realização.

A partir de então, convidei quatro festivais integrantes do Núcleo dos Festivais Internacionais de Artes Cênicas do Brasil — Cena Contemporânea – Festival Internacional de Teatro de Brasília; Porto Alegre em Cena – Festival Internacional de Artes Cênicas; Festival Internacional de Artes Cênicas da Bahia – FIAC; e Janeiro de Grandes Espetáculos – Festival Internacional de Artes Cênicas de Pernambuco — para participar do projeto e, juntos, selecionarmos dez artistas de diferentes cidades do Brasil para a tradução e direção das leituras dramáticas dos textos.

Assim, para intensificar a participação e aprofundar o intercâmbio cultural, reafirmando uma das importantes funções dos festivais, decidimos que seriam feitas duas leituras dramáticas a cada festival, com diferentes grupos e companhias de teatro locais, em um formato de residência artística com duração aproximada de cinco dias. Com essa dinâmica, os encontros nos festivais entre o autor, o artista-tradutor e os artistas locais seriam adensados, potencializados. A proposta foi prontamente aceita pela AC/E, uma vez que atenderia amplamente aos objetivos do Programa de Intercâmbio Cultural Brasil-Espanha.

Desde então, venho trabalhando na coordenação do Projeto de Internacionalização da Dramaturgia Espanhola. A primeira etapa foi buscar uma editora brasileira que tivesse o perfil para publicar os livros. Não foi surpresa confirmar o interesse de Isabel Diegues, da Editora Cobogó, que, dentre sua linha de publicações, valoriza a dramaturgia através de livros de textos de teatro, com sua Coleção Dramaturgia.

A segunda etapa foi pensar as leituras das obras espanholas junto aos diretores dos festivais parceiros representados por Paula de Renor, Guilherme Reis, Felipe de Assis e Luciano Alabarse e definir os artistas que poderiam traduzir os textos. Com isso, convidamos Aderbal Freire-Filho, Beatriz Sayad, Cibele Forjaz, Fernando Yamamoto, Gilberto Gawronski, Hugo Rodas, Luís Artur Nunes, Marcio Meirelles, Pedro Brício e Roberto Alvim, que toparam a aventura!

Finalmente, partimos para a edição e produção dos livros e convidamos os grupos e companhias locais para a realização das residências artísticas e leituras dramáticas, que culminariam no lançamento das publicações em cada um dos festivais parceiros, cumprindo um calendário de julho de 2015 a janeiro de 2016.

Enquanto ainda finalizamos os últimos detalhes das publicações, compartilhando o entusiasmo de diretores, tradutores e tantos outros parceiros da empreitada, imagino quais desdobramentos serão possíveis a partir de janeiro de 2016, quando os livros já estiverem publicados e tivermos experimentado as leituras e conversas sobre dramaturgia. Quem sabe a AC/E não amplie o programa? Quem sabe não estaremos começando a produção de um desses espetáculos no Brasil? Quem sabe essa(s) obra(s) não circule(m) entre outros festivais internacionais do Brasil? Quem sabe não estaremos levando para a Espanha traduções de palavras e de cenas de alguns dos espetáculos, com direção e atuação de artistas brasileiros? Enfim, dos encontros, sem dúvida, muitas ideias irão brotar... Vou adorar dar continuidade ao(s) projeto(s). Fica aqui o registro!

Márcia Dias
Curadora e diretora do TEMPO_FESTIVAL

CIP-BRASIL. CATALOGAÇÃO-NA-FONTE
SINDICATO NACIONAL DOS EDITORES DE LIVROS, RJ

Bezerra, Paco
B469d   Dentro da terra / Paco Bezerra ; tradução Roberto Alvim ; colaboração Juan Sebastián Peralta.- 1. ed.- Rio de Janeiro : Cobogó, 2015.
128 p. ; 19 cm. (Dramaturgia espanhola)
Tradução de: Dentro de la tierra
ISBN 978-85-60965-96-0

1. Teatro espanhol (Literatura). I. Alvim, Roberto. II. Peralta, Juan Sebastián. III. Título. IV. Série.

15-26812
CDD: 862
CDU: 821.134.2-2

Nesta edição, foi respeitado o Acordo Ortográfico da Língua Portuguesa de 1990, que entrou em vigor no Brasil em 2009.

Todos os direitos em língua portuguesa reservados à
Editora de Livros Cobogó Ltda.
Rua Jardim Botânico, 635/406
Rio de Janeiro – RJ – 22470-050
www.cobogo.com.br

© Editora de Livros Cobogó
© AC/E (Sociedad Estatal de Acción Cultural S.A.)

Texto
Paco Bezerra

Tradução
Roberto Alvim

Colaboração na tradução
Juan Sebastián Peralta

Idealização do projeto
Acción Cultural Española — AC/E e TEMPO_FESTIVAL

Coordenação geral Brasil
Márcia Dias

Coordenação geral Espanha
Elena Díaz, Jorge Sobredo e Juan Lozano

Editores
Isabel Diegues
Julia Martins Barbosa

Coordenação de produção
Melina Bial

Revisão da tradução
João Sette Camara

Revisão
Eduardo Carneiro

Capa
Radiográfico

Projeto gráfico e diagramação
Mari Taboada

Outros títulos desta coleção:

A PAZ PERPÉTUA, de Juan Mayorga
Tradução Aderbal Freire-Filho

APRÈS MOI, LE DÉLUGE (DEPOIS DE MIM, O DILÚVIO),
de Lluïsa Cunillé
Tradução Marcio Meirelles

ATRA BÍLIS, de Laila Ripoll
Tradução Hugo Rodas

CACHORRO MORTO NA LAVANDERIA: OS FORTES, de Angélica Liddell
Tradução Beatriz Sayad

CLIFF (PRECIPÍCIO), de José Alberto Conejero
Tradução Fernando Yamamoto

MÜNCHAUSEN, de Lucía Vilanova
Tradução Pedro Brício

NN12, de Gracia Morales
Tradução Gilberto Gawronski

O PRINCÍPIO DE ARQUIMEDES, de Josep Maria Miró i Coromina
Tradução Luís Artur Nunes

OS CORPOS PERDIDOS, de José Manuel Mora
Tradução Cibele Forjaz

2015
_____

1ª impressão

Este livro foi composto em Univers.
Impresso pela gráfica Stamppa
sobre papel Pólen Bold 70g/m².